POLARIS

ANDREA DIENER

AB VOM SCHUSS

Reisen in die
internationale Provinz

Rowohlt Polaris

Originalausgabe
Veröffentlicht im Rowohlt Taschenbuch Verlag,
Reinbek bei Hamburg, Februar 2017
Copyright © 2017 by Rowohlt Verlag GmbH,
Reinbek bei Hamburg
Umschlaggestaltung HAUPTMANN & KOMPANIE
Werbeagentur, Zürich
Umschlagabbildung und alle Fotos im Innenteil
Copyright © Andrea Diener
Buchgestaltung Anja Sicka, Hamburg
Satz aus der Mercury PostScript
bei Dörlemann Satz Lemförde
Druck und Bindung CPI books GmbH,
Leck, Germany
ISBN 978 3 499 63172 6

INHALT

VORWORT

Provinz, so die Arbeitshypothese dieses Buches, ist da, wo Landlust aufhört. Also ungefähr da, wo man sich das viele Grün nicht mehr mit kreativ bepflanzten Terrakottatöpfen heranholen muss, sondern langsam dazu übergeht, es sich mit Großgerät vom Leibe zu halten. Dort, wo man froh ist, wenn jemand in die Nähe zieht, weil das Dorf dann nicht ausstirbt oder wenigstens nicht so schnell. Provinz ist vor allem auch dort, wo der Einflussbereich großer Metropolen nicht hinreicht. Der Stadtbewohner fährt hindurch und fragt sich: Was machen diese Leute hier? Wie leben die hier?

Gleich zu Beginn ihres Gesprächsbandes «BRD Noir» handeln Philipp Felsch und Frank Witzel den Begriff der Provinz ab, ausgehend von der Beobachtung, dass auffallend viele deutsche Adoleszenzromane in der Provinz spielten. Dort, wo man literarisch aufwächst, ist meistens keine Innenstadt, sondern eher ein Spektrum irgendwo zwischen Land und Speckgürtel. Vielleicht, so Felsch daraufhin, sei Provinz gar kein geographischer Ort, sondern vielmehr eine Lebensphase. Und Witzel, zustimmend: «Genau, Provinz ist auch ein Alterszustand, weil man sich nur in einem engen Umfeld bewegt.» Eine Provinz im Kopf sei das, so wiederum Felsch, die es auch in der Großstadt geben könne.

Demnach wäre ich in einer prototypischen großstädtischen Provinz aufgewachsen, in einem eher bescheidenen Arbeiterstadtteil von Frankfurt, im kleinbürgerlichen Haus mit Gärtchen. Hier gibt es nur wenige hohe Altbaufassaden, dafür umso mehr Siedlungsbau mit akkurater Vorgartenbepflanzung zur Straße hin und Stangenbohnen hinterm Haus. Menschen hielten sich Kaninchen zu Verzehrzwecken und tauschten die Produkte ihrer Obstbäume zum Einkochen. Und es kam mir auch schrecklich provinziell vor, denn ich bewegte mich zwischen Bäcker und Mainufer, zwischen Baumarkt und Schule, wie in jedem ordentlichen deutschen Entwicklungsroman.

In unserer Straße gab es ein verlassenes Haus, Brachgrundstücke und eine Schafherde. In unserer Straße gab es aber auch Sozialbauriegel, die sich in den achtziger Jahren den Rufnamen «Bronx von Frankfurt» eintrugen. Ich fand das alles erst höchst normal und später dann höchst provinziell und sehr spießig. Wo auch immer diese große weite Welt sein sollte: Hier war sie nicht.

Und doch habe ich ein ganz anderes Verhältnis zur Provinz und zu meiner Heimatstadt. Echten Provinzkindern wohnt meist ein starker Fluchtreflex inne, der sie zumindest für ein paar Jahre aus ihrer Heimat forttreibt. Ich hatte das

kurz, aber nie konsequent genug, um wirklich fortzuzie-
hen, warum auch? Irgendwann zog ich hinter hohe Altbaufassaden, dann war mein Verlangen nach Stadt vorerst ge-
stillt. Frankfurt hat außerdem die angenehme Eigenschaft,
dass man schnell weg ist, wenn man das möchte. Knapp
vier Stunden nach Paris, knapp zwölf bis Tokio, ohne Umsteigen. Und wenn einem die Welt auf die Pelle rückt, kann
man immer noch aufs Land fahren, das ist auch sehr nah.
Ich aber bin ein Stadtkind, und ich werde wohl auch eins
bleiben.

Uns Stadtkinder eint auch eine gewisse Unerschrocken-
heit, was das Provinzielle angeht. Es ist nichts, was wir im
Laufe unseres Lebens mühsam abschütteln wollten, es ist
eher etwas, was wir mit Insektenforscherinteresse beobachten, weil wir wissen, dass wir ohnehin nicht dazugehö-
ren. So laufe ich mit großem Enthusiasmus durch die öden
Gegenden der Welt und begeistere mich für Brachen und
den einen oder anderen ungestört ausgelebten Wahn. In
der Provinz nämlich erlebt man ein Land in meist ziemlich unverstellter Form. Und auch wenn Rainald Grebe in
seinem schönen Lied «Fußgängerzonen» singt: «Ist das
Darmstadt, ist das Mühlheim, ist das Wuppertal? Ich hab
keine Ahnung! keine Ahnung!» – man sieht auf den ersten Blick, dass es sich um Westdeutschland handelt, weil
sich die Westdeutschlandhaftigkeit in jedem Betonbauele-
ment, in jedem Blumenkübel, in jeder Fassade und in jedem traurigen Versuch, Aufenthaltsqualität herzustellen,
sofort ersichtlich macht. Oder, wieder Grebe: «Deichmann,
Subway, Yves Rocher: Das ist die Fresse der BRD.»

Und so hat eben jedes Land seine Fresse, die man nur in der Provinz findet, in den Kleinstädten, die niemand für Nostalgietourismus auf Puppenstubigkeit getrimmt hat, in den Orten, in denen einfach nur Leute ungestört vor sich hin leben und im Idealfall zwecks Broterwerbs auch irgendetwas vor sich hin werkeln. Man findet sie, wenn man den Tourismuszentren – ja, mitunter auch den schönen Landschaften – den Rücken kehrt. Manchmal genügen ein paar Kilometer. Man findet die Fresse manchmal auch an Orten, die sich nach früheren Glanzzeiten heruntergewirtschaftet haben. Oder dort, wo niemand genau weiß, wo dieser Landstrich oder jenes Örtchen eigentlich genau liegt. Fressen, überall Fressen. Man könnte auch sagen: ungeschminkte, nicht sonderlich attraktive Gesichter kurz nach dem Aufstehen.

Aber schauen wir uns diesen seltsamen Begriff noch einmal an: Provinz stammt aus dem Lateinischen und bezeichnet zunächst einmal einen Zuständigkeitsbereich, der gar nicht unbedingt geographischer Natur sein muss, dann ein römisch erobertes Gebiet außerhalb des Stammreiches. Da hat es noch nichts Abwertendes. Auch später nicht, im Mittelalter, als eine Provinz einfach eine Verwaltungseinheit war. Die pejorativ gemeinte Provinz als Gegend, deren Bewohnern «Provinzialismus» vorgeworfen wird, also ein rückständiges Hinterwäldlertum, ist eine Erscheinung der Moderne.

Auch andere Sprachen kennen das: «La France profonde» bezeichnet so etwas wie Dunkelfrankreich, der Engländer kennt «provincialism» als Synonym für «parochialism», abgeleitet von «parish», also der Pfarrei, als Begriff für das, was bei uns «Kirchturmpolitik» heißt. Ländliche Einheiten müssen sich also damit abfinden, als Symbol für alles Verbohrte und Vernagelte herhalten zu müssen, dabei ist Abgeschiedenheit relativ. So manche Gegend rutscht innerhalb weniger Jahre an den Rand der Wahrnehmung, während andere plötzlich ungewohnte Aufmerksamkeit genießen. Grenzen verschieben sich, Bodenschätze werden entdeckt, Transportmittel werden gebaut oder stillgelegt, der Tourismus und seine wandelbaren Moden fallen über Landschaften und Orte her oder auch nicht. Davon bleiben die Bewohner natürlich nicht ganz unberührt.

Demgegenüber steht eine erstaunlich weit klaffende Lücke, wenn man versucht, das Phänomen systematisch zu ergründen. Forschungsliteratur ist kaum zu bekommen, fast überall wird man auf Hermann Glasers Bändchen «Der Gartenzwerg in der Boutique – Provinzialismus heute» verwiesen. Die Aufsatzsammlung des Nürnberger Schul- und Kulturdezernenten Glaser erschien im Jahr 1973, in einer Bundesrepublik, deren Hauptstadt noch Bonn hieß. Herrn Glaser blieb aber auch damals nur übrig, zu konstatieren, dass sich die gegenwärtige Forschung dem Begriff wenn, dann überhaupt nur mit «mokanter Zuneigung» nähere und niemand von sich selbst behaupte, provinziell zu sein, denn provinziell seien immer nur die anderen und man selbst natürlich urban und weltoffen. Dass das alles nicht so einfach ist und das Provinzielle auch in der Großstadt fröhliche Urständ feiert, untersucht Glaser anhand von Ostfriesenwitzen, Frauenzeitungskitsch und der Empörung über allzu moderne Kunstwerke. Das alles ist

durchweht von einem Aufklärungsfuror der nachacht-
undsechziger Jahre, der uns mittlerweile abgeht. Heute
demonstriert man ja gern Verständnis für jede noch so tü-
melnde Zuckung.

Nach dem Bereisen ziemlich vieler Ecken und Gegenden
komme ich zu dem Schluss, dass es etwas gibt, was alle
Provinzen der Welt eint: Die Leute wollen einfach ungestört vor sich hin leben. Das unterscheidet sich im Lebens-
wandel natürlich graduell, die Grundmotivation jedoch
ist die Gleiche. Wer sich für die Provinz entschieden hat,
will eigentlich nicht weg. Man ist hier genügsam, man will
seine Ruhe. Das ist das gute Recht des Provinzbewohners,
und man muss ihm das auch nicht austreiben, solange er
in seiner Forderung freundlich bleibt. Den Metropolen-
bewohnern bleiben ja immer noch die Städte, die sie als
Unruheherde für die Landflüchtlinge kultivieren, die eben
nicht in Ruhe gelassen werden wollen, denn die gibt es natürlich auch.

GRUPPENAKTIVITÄT MIT FUNKTIONÄRS-BEGLEITUNG

Als es hieß, wir würden eine Schlucht in einem Natur-schutzgebiet besichtigen, freuten wir uns ungemein. Wir hatten Bilder von romantischer Waldeinsamkeit im Kopf, also das, was ein Deutscher im Kopf hat, wenn es heißt, wir fahren in die Natur. Natur und Waldeinsamkeit hatten wir auch bitter nötig nach den stundenlangen Busfahr-ten in den vergangenen Tagen, bei denen wir Städte der landschaftlich nicht sonderlich markanten Provinz Henan besichtigt hatten, deren Fremdenverkehrsamt uns deut-schen Journalisten die Schönheiten ebenjener Provinz na-hebringen wollte. Wir wurden daher an ein paar Klöstern vorbeigekarrt, die wir eilends durchliefen, um pünktlich zu irgendeiner Mahlzeit in der nächsten Stadt zu sein. Das schien in China sehr, sehr wichtig.

Die Städte sahen alle gleich aus. Es waren typische chine-sische Kleinstädte von ein, vielleicht zwei Millionen Einwohnern. Diese Einwohner wurden in → **bunten Hochhäusern** gestapelt, die aussahen, als stammten sie aus den sechziger Jahren, aber eigentlich waren sie erst an die zwanzig Jahre alt. Ja, das Material, seufzte unser Guide, der sich erfrischenderweise dadurch hervortat, mit seiner Meinung nicht allzu sehr hinterm Berg zu halten und uns ansonsten anzutreiben, damit wir den straffen Zeitplan einhielten. Irgendwo zwischen diesen Hochhäusern fand sich dann stets ein Hotelrestaurant, und in einem brutalst herunterklimatisierten Séparée, das gilt in China als besonders fein, warteten immer schon Vertreter der lokalen Tourismusbehörde an einem plastikgedeckten runden Tisch, um uns die Schönheiten ihrer Kleinstadt zumindest theoretisch nahezubringen. Denn wir mussten ja immer weiter, zum nächsten Kloster, zur nächsten Stadt.

Bunte Hochhäuser

So ungefähr beim ersten oder zweiten oder dritten aus-
schweifenden Geschäftsessen, das wir in China mit lokalen Tourismusfunktionären absolvierten, erfuhren wir,
dass ausschweifende Geschäftsessen ja eigentlich offiziell untersagt seien. Das hier sei gar nichts im Vergleich zu
früher, bevor Parteichef Xi Jinping beschloss, endlich mit
der Korruption aufzuräumen, mit den ewigen Banketten,
ohne die in China gar nichts läuft. Die dicken Umschläge
will er verbieten, und Zigaretten gönnt er ihnen auch nicht
mehr. Allerdings werden in der Zwischenzeit auch fröhlich
Dissidenten verhaftet, die gegen die Korruption kämpfen,
denn gegen Korruption darf in China nur einer kämpfen,
der oberste Korruptionsbekämpfer nämlich, und das ist
nun einmal der Parteichef.

Auch wir kämpften, und zwar auf unsere Weise. Wir saßen
also im eiskalten Séparée, vor uns türmten sich auf dem
gläsernen Drehtisch Platten mit frittierten Bröckchen:
Tofubröckchen und Schweinebröckchen, Entenbröckchen,
Hühnerbröckchen, Quallenbröckchen, Rinderbröckchen
und Kuhmagenbröckchen, dazu Gemüse in salziger brauner Soße, Pilze in salziger brauner Soße und Extraschäl-
chen mit salziger brauner Soße. Also ungefähr das, was wir
schon seit Tagen aßen und noch tagelang essen würden.
Ausgestattet waren wir für diesen Zweck mit Tellerchen,
Schälchen, Stäbchen, einer Teetasse und einem fingerhut-
kleinen Glas. Zwischendurch kam jemand und füllte Suppe
ins Schälchen, dann kam jemand anderes und füllte Tee in
die Tasse, und dauernd kam jemand und füllte Schnaps ins
Glas.

So ein Geschäftsessen ist in China eine durchritualisierte Angelegenheit. Man trifft sich, setzt sich, isst, trinkt und steht sehr schnell wieder auf. Anderthalb Stunden Druckbetankung. Das klingt harmlos, ist aber ungewohnt. Unterhaltungen etwa sind kaum möglich, da ständig auf irgendetwas angestoßen werden muss. Auch das fluchtartige Verlassen des Raumes, sobald das letzte Gäbelchen das vorletzte Melonenstückchen aufgespießt hat – auch das letzte aufzuspießen wäre nämlich unhöflich –, ist ungewohnt. Chinesische Geschäftsessen sind kurz, heftig und effizient. Kategorien wie «gemütliches Sitzenbleiben» oder «entspanntes Plaudern» existieren nicht. Man ist ja nicht zum Spaß hier.

Also, von vorn: Erst kommen die leichteren Speisen und erste frittierte Bröckchen. Der Funktionär steht auf, drückt seine Freude aus, wir stoßen an, Ganbei! Und das ist das Stichwort, das Glas Kornschnaps ganz auszutrinken. Der Gast steht auf, drückt seine Freude aus, Ganbei!, Essen. Zwischendurch ein paarmal Ganbei zum Warmwerden. Dann wird der Fisch aufgetragen, und auf wen der Fischkopf zeigt – meist der Platz gegenüber der Tür –, der muss zweimal Ganbei. Ein bisschen wie Flaschendrehen also, nur in verschärfter Variante. Dann muss der gegenüber – mit dem Rücken zur Tür – viermal Ganbei.
Während des Essens der Hauptgänge ergreift den Tisch dann eine für westliche Gemüter intolerable Unruhe. Erst steht der Gastgeber auf und macht seine Runde. Das heißt, er muss mit jedem Gast zweimal Ganbei, aber richtig, denn das leere Glas gehört demonstrativ geneigt vor sich gehalten, da darf nichts mehr heraustropfen, da muss man schon

gründlich zu Werke gehen. Das macht jeder der Gastgeber mit jedem Gast. Dann müssen die Gäste ran und ebenfalls ihre Runde drehen, also wir. Weil wir verweichlichte Langnasen und schlecht im Training sind, wie wir glaubhaft versichern, dürfen wir ausnahmsweise als Gruppe losziehen und so die zwei Ganbei pro Person weiter reduzieren. Das finden wir wirklich sehr nett, und wir wollten ganz bestimmt auch niemanden beleidigen.

Es gibt eine verifizierte Ausrede, sagte man mir, also eigentlich zwei. Frauen müssen prinzipiell nicht mitmachen, und Männer sind nur befreit, wenn sie sagen, sie nähmen Medikamente. Andere Ausflüchte werden nicht geduldet. Oder gereichen zum eigenen Nachteil: Wer nicht mehr stehen kann, kommt schlicht nicht zum Geschäftsabschluss. Oder kann beim Vortrag der Tourismusfunktionäre über die Schönheiten dieser speziellen Kleinstadt der wunderschönen Provinz Henan nicht mehr zuhören, vergisst den Namen der Stadt sofort und blättert sich hinterher ratlos durch Hunderte Fotos von Millionenkleinstädten, die alle gleich aussehen.

Ich muss also nicht trinken. Aber irgendwie doch. Ich habe nämlich keine Lust, hier als schwaches Geschlecht eingeordnet zu werden, so dumm das sich jetzt anhören mag, und außerdem bin ich größer als die meisten Chinesen hier am Tisch und verfüge als Europäer über eine erstklassig funktionierende Aldehyd-Dehydrogenase, auf Deutsch: Alkohol wird in meinem Körper ziemlich reibungslos abgebaut, was man von 56 Prozent der Chinesen nicht behaupten kann. Deren Aldeyd-Dehydrogenase ist nämlich mutiert und kann mit hemmungslosem Ganbei eher schlecht umgehen, jedenfalls schlechter als der Enzym-Wildtyp, über den wir robusten Europäer verfügen.

Und so stellte ich mich der Herausforderung. Ganz oder gar nicht, dachte ich. Es half, dass der grüne Tee ständig nachgefüllt wurde. Die frittierten Bröckchen in salziger brauner Soße halfen ebenfalls immens. Chinesisches Essen – zumindest im nördlichen China – ist nämlich nicht gerade leicht und auch nicht sonderlich gesund, sondern eher bleiern, also eine bestens geeignete Unterlage für die Trinkspielchen, die diese Herren hier veranstalten und die, so denke ich mit meiner kulturell selbstverständlich sträflich eingeschränkten Weltsicht, ja mit Mitte zwanzig jeder halbwegs gereifte Mitmensch überstanden haben sollte.

An Entspannung war also in keiner Weise zu denken. Mit jeder Tischrunde musste ich mir eine Eloge anhören, die sich die Gastgeber ausdachten und die meistens darauf abzielte, dass ich recht dekorativ sei und meine Anwesenheit in dieser Herrenrunde als optisch bereichernd und mutig angesehen werde. Ich sagte etwas vage Freundliches über China, Ganbei Nummer eins, Ganbei Nummer zwei, lächeln, hinsetzen bis zum nächsten Rundendreher. Dann Obstteller, Melonenbröckchen übrig lassen, aufstehen, raus hier, brutalstmöglicher Gesprächsabbruch inklusive. Das sei harmlos, das sei alles noch gar nichts, ich hätte das mal sehen sollen, bevor das neue Antikorruptionsgesetz erlassen wurde und die Funktionäre wie die Fliegen an Alkoholvergiftung starben. Dreißig Funktionäre mehr, vierzig Gänge, fünfzig Ganbei. Wie viel hatten wir? Sechzehn Ganbei. Also gar nichts. Wir befanden uns dennoch in sanfter Dauerbetüdeltheit, die uns im Bus bis zum nächsten Schlagloch sanft dösen ließ. Der Bus war für Chinesen gebaut, weshalb wir Europäer nicht recht wussten, wohin mit unseren Beinen. Kurz: Die Lage war so angespannt, dass uns ein funktionärsloser, ganbeifreier Nachmittag im Grünen recht paradiesisch vorkam.

Gespannt falteten wir uns also aus dem Bus und schüttelten die tauben Gliedmaßen. **Das Naturschutzgebiet rund um den Berg → Yuntaishan hatte einen riesigen Parkplatz, von dem eine riesige Treppe abging, auf der man Militärparaden hätte abhalten können und die an einem riesigen Bildschirm vorbeiführte, auf dem unablässig und musikuntermalt die Schönheiten des Naturschutzgebietes auf die Besucher einflimmerten.** Die Treppe endete vor einer monströsen Halle, die sich nicht die geringste Mühe gab,

Yuntaishan

sich auch nur ansatzweise in die Landschaft einzupassen, sondern sich selbstbewusst sozialistisch vor die dahinter befindliche Hügelkette klotzte. In der Halle wimmelten schon einige Gruppen, sie wurden von in Megaphone brüllenden, bewimpelten Guides in Zweierreihen aufgestellt, was die Gruppen bereitwillig mit sich geschehen ließen, und am Ausgang der Halle in Busse verfrachtet, die sie zu den besuchenswürdigen Zielen im Naturpark kutschierten. Ich habe schon naturnahere Fährterminals erlebt als diesen Naturparkeingang.

Nein, wir fanden unsere gute deutsche Waldeinsamkeit nicht. Wir fanden das, was es in China überall gibt und was hier laut unserem Guide Jü hui heißt, auf Deutsch in etwa «Gruppenaktivität». Jü hui sorgte dafür, dass wir ebenfalls in einen Bus stiegen, wenn auch nicht in Zweierreihen, denn wir waren undisziplinierte Deutsche und kamen aus einem Land, in dem die Fortbewegung in Formation per se als suspekt angesehen wird. Jü hui machte, dass wir uns an den überdachten Raucherzonen mit WLAN-Versorgung vorbei zum Eingang fahren ließen, denn Laufen ist in China etwas für Menschen, die sich nichts Besseres leisten können. Wir reihten uns in bester Jü-hui-Manier am Drehkreuz vor der als sehenswert angekündigten Schlucht auf, dann fädelten wir uns auf dem Trampelpfad ein, der ein einziges Jü hui durch die Schlucht bildete. Es war ein tratschender, schwitzender, knipsender, fröhlicher, eislutschender, fächerwedelnder, das Hemd über den gewölbten Bauch hochschiebender Gänsemarsch, der sich an der → Gruppenaktivität freute und die ganze, sich um uns herum aufs spektakulärste auftürmende Landschaft,

in die wir Deutsche ab und zu pflichtgemäß hineinkontem-
plierten, eher als dekorativen Hintergrund wahrnahm.

Wer durch China reist, muss sich von so mancher Vorstellung verabschieden. Von der Vorstellung, wie ein Naturpark auszusehen hat (naturnah) und auf welche Weise er
bewundert werden will (still), von der Vorstellung, wie
Baudenkmäler zu präsentieren sind (in historischem Kon-
text), und von der Vorstellung, ruhige Momente seien etwas grundsätzlich Erstrebenswertes. China hat vor allem
zwei Eigenschaften: Es ist groß, und es ist voll. Alles ist
monströs, aber komischerweise nie leer. Die Menschen
ziehen in wuchtige, schwindelerregend hohe Trabanten-
städte, die überall in erstaunlicher Geschwindigkeit dem
Himmel entgegengebaut werden, sie leben dort auf nicht
gerade viel Raum, sie kämpfen sich täglich durch einen

Gruppenaktivität

Albtraum von Verkehr und können rätselhafterweise nicht einmal in ihrer Freizeit genug von ihren Mitmenschen bekommen, während wir langsam, aber sicher anfangen, uns gegenseitig mitzuteilen, dass das jetzt wirklich nichts Persönliches sei, aber heute Abend müssten wir mal allein, alle nicken erleichtert, und dann gehen die Hoteltüren hinter uns zu, und wir legen uns aufs Bett und vergewissern uns alle noch mal gründlich, wo genau wir eigentlich anfangen und wo aufhören, so lange, bis das Rauschen in den Ohren abklingt.

Unser Guide sorgt tagtäglich dafür, dass auch bei uns Deutschen immer hübsch Jü hui herrscht, im Bus und im Restaurant und bei den zahlreichen Ausflügen, die uns die Schönheiten der Provinz Henan präsentieren. Diese Provinz schmückt sich gern damit, Wiege der chinesischen Kultur zu sein. Das ist auch gar nicht so weit hergeholt, denn immerhin soll der legendäre Lao Tse hier am Gebirgspass zur nahen Stadt Xian ein Kloster gegründet haben, das die Keimzelle des Daoismus bildet. **Wir bewundern das → Kloster sehr, auch die Eisbuden vor und die LED-Leuchtschriften über den denkmalgeschützten Holzpforten.** Die Höhlenbuddhas von Longmen sind Weltkulturerbe, in einem weiteren Kloster erfanden Shaolin-Mönche die Kampfkunst, und ein paar Dörfer weiter befindet sich das Dorf mit dem Tempel, in dem Tai-Chi seinen Ursprung hat. Das ist eine ganze Menge chinesischer Kultur. Die Chinesen haben riesige Parkplätze vor alles gebaut und besuchen diese Stätten pflichtschuldigst in großen Gruppen.

Mit der heute völlig bedeutungslosen Kreisstadt Kaifeng verfügt man in Henan außerdem über eine ehemalige Kaiserstadt mit großer Geschichte. Dort gibt es ein sehr altes Gebäude, die Eisenpagode, erbaut im elften Jahrhundert. Sie ist nicht aus Eisen, wie man glauben könnte, sondern mit Tonfliesen verkleidet, die eine Glasur in der Farbe patinierten Eisens haben. Außerdem ist sie eine der berühmtesten Pagoden Chinas und das Vorbild für die Pagode in den Londoner Kew Gardens. Vor der Pagode befindet sich ein buntes Kassenhäuschen in Form eines Tempeltors, danach kann man zwecks Besichtigung in einen Golfwagen steigen oder laufen. Wer läuft, kann den «Scenic Park» rund um die Pagode in seiner ganzen Schönheit bewundern: künstlich aufgehäufelte Grashügelchen, darauf Betonbäume mit Lautsprechern, aus denen chinesische Easy-Listening-Musik schallt, sodass man sich ständig in einem Hotelaufzug wähnt. Verschlungene Wege führen

23

zwischen Formschnittbäumchen und unter berankten Pergolen hindurch, unter denen Pärchen Selfies machen. Souvenirbuden, in denen man altchinesische Kopfbedeckungen aus Filz und Polyester und bunte Glücksbringer aller Farben und Größen kaufen kann, flankieren das Gelände. Künstliche Bachläufe mit Plastikreihern und neckischen, nacktärschigen Kinderstatuetten, die ins Wasser pinkeln, dienen als Hintergrund für Familienfotos. Es ist ein quietschbuntes Disneyland, vollgestellt mit Kitsch und Büschen, Kinderkarussellen und Pavillons rund um die altehrwürdige, schon leicht schiefe Eisenpagode.

Es ist leicht, zu leicht, sich über einen derart sorglosen, hemmungslos kommerziellen und kein Stück pädagogischen Umgang mit jahrtausendealter Kultur lustig zu machen. Doch als ich im Scenic Park rechts abbiege, gleich hinter dem Souvenirstand mit den Mao-Wackelbildern und den künstlichen Bäumchen unter Glas, und durch ein unscheinbares Tor trete, stehe ich inmitten eines Penjing-Gartens voller uralter chinesischer → **Bonsaibäumchen,** alle vorbildlich auf Augenhöhe präsentiert und zurechtgezupft, die Schalen geputzt, aber mit genau der richtigen Menge an Patina, und die Erdoberfläche mit sauberen grünen Moospolstern besetzt. Irgendjemand muss sich rührend um die pflegeintensiven Ulmen, Eichen, Kiefern kümmern. Dahinter schließt sich ein Garten mit Teich an, auf einem Bänkchen unter einer Pergola sitzt ein alter Herr mit langem weißem Bart und übt Querflöte. Das Bilderbuchchina, das man aus irgendwelchen Kung-Fu-Filmen im Kopf hat, überfällt einen immer da, wo man es gerade nicht erwartet, dann aber mit voller Wucht.

Bonsaibäumchen

Die unbekümmerte Koexistenz von Altem und Neuem, von authentischer Kultur und Jahrmarktrummel, von beiläufiger Schönheit und schlimmstem Kitsch kann einen westlichen Touristen mitunter verstören. Vermutlich hilft nur, es mit den Jahrhunderten nicht so genau zu nehmen und auch nicht mit der Authentizität der Gebäude – der nahe Drachenpavillon am anderen Ende von Kaifeng sieht alt aus, ist es aber nicht. Holzkonstruktionen sind nun einmal nicht von Dauer, ständig fegen Stürme, Flut und Feuersbrunst sie hinweg, und der jüngste Wiederaufbau stammt aus dem Jahr 1994.

Der unbescheiden benannte → **Millennium City Park** ist das beliebteste Ausflugsziel in der Stadt. Man muss sich eine Art Mittelaltermarkt auf Chinesisch vorstellen, der das Leben der Song-Dynastie mit Gebäuden, Akrobaten,

Millennium City Park

Händlern und Teehäusern nachstellt. Hier ist überhaupt nichts echt, aber was macht das schon, uns ist das mittlerweile egal, wir hocken uns in den Schatten eines Baumes vor ein Song-Teehaus auf winzige Song-Stühlchen, verstauen unsere schon wieder lächerlich langen Gliedmaßen irgendwo seitlich und bekommen von der chinesischen Schankmaid eine Kanne Grüntee hingestellt. Einem Land, das so herzhaft auf alle Authentizität scheißt, kann man sich nur annähern, indem man es auch tut.

Wenn man in China keinen Park um etwas herumbaut, um es zur Attraktion zu machen, dann gibt es noch eine zweite Möglichkeit, Heerscharen von Besuchern zu beglücken: Man inszeniert eine Show. Das ist im Städtchen Dengfeng der Fall, das am Fuße des Berges Song gelegen ist. Dort steht hinter einem riesigen Parkplatz der berühmte

Shaolin-Tempel, in dem – vermutlich im fünften Jahrhundert – Kung-Fu erfunden wurde. Und das schreit natürlich danach, musikalisch verwertet zu werden, zumindest in China. Jeden Abend finden sich die Zuschauer im nahegelegenen Sommerpalast ein, um dem Spektakel auf der Naturbühne beizuwohnen: Vor der Kulisse imposanter und sogar gänzlich echter Karstberge tanzen und singen die Darsteller – eine unschuldige Schönheit vom Lande nebst lebendiger Ziegen, eine Schar junger Krieger, drei teilnahmslos herumsitzende Mönche und allerlei Dorfvolk – in aufwendig illuminierten und choreographierten Szenen ihre Liedchen. Eine Handlung gibt es nicht, aber das ist egal. Die Musik ist lieblich, das Mädchen hübsch, die Krieger sind mächtig und die Mönche vermutlich nervenstark, so stoisch wie sie am Bühnenrand verharren. Das Musikshow-China ist genauso künstlich wie das Millennium-City-Park-China, aber auch ebenso professionell inszeniert und unterhält alle Anwesenden prächtig.

In Chen Jia Gou entwische ich kurz dem eisernen Regiment unseres Guides und schaue mich um. Wenn man in diesem Dörfchen spazierengeht, trifft man alle paar Meter auf eine Tai-Chi-Schule. Es gibt solche, bei denen Kinder nebenbei eine Schulausbildung machen, und solche, die auch ältere Schüler aus aller Welt aufnehmen. **Auf dem Hof der Schule von Meister Chen Gong hängt Wäsche auf der Leine. Hinten üben → Schüler, zwischen zwölf und sechzehn Jahre alt. Sie ahmen langsam die Bewegungen eines jungen Trainers nach, während die Meister an einem Tischchen Tee trinken.** Im vorderen Teil des Hofes trainieren zwei Männer zwischen bunten Bettlaken. Sie ziehen

Schüler

die Arme langsam durch die Luft, Ausfallschritt, drehen ihren Körper, atmen ruhig, nur auf sich selbst konzentriert. Ein paar Meter weiter treffe ich auf June. June heißt eigentlich Jun, aber sie ist Übersetzerin für Englisch, also braucht sie auch einen englischen Namen. Überhaupt macht diese June eine ganze Menge. Sie betreibt «June's Coffee Shop», in dem sie mir voller Stolz echten deutschen Nescafé ausschenkt, und sie ist Lehrerin für Tai-Chi und Meisterin im Tai-Chi mit Lanze. Hinter diesem Sport, den die Chinesen am liebsten morgens im Park ausüben und am liebsten dann, wenn sie das Pensionsalter erreicht haben, steckt anscheinend deutlich mehr.

In Chen Jia Gou entstand vor vier- oder fünfhundert Jahren eine der ältesten Formen des Tai-Chi, nämlich der Stil der Familie Chen. June heißt zwar auch Chen mit Nachnamen, ist aber mit diesen legendären Chens, deren

Nachkommen bis heute alle Tai-Chi lernen und lehren, weder verwandt noch verschwägert. Sie ist auch nicht die Tochter eines Großmeisters, der seine Kunst immer an eines seiner Kinder weitergibt. June hat einfach so angefangen, ohne Familienzwang, weil sie sich für die Philosophie interessierte, denn auch die gehört zu einer richtigen Tai-Chi-Ausbildung. Dass Mädchen die Kampfkunst-Ausbildung nicht erlaubt werde, komme nur noch in sehr traditionellen Familien mit wenig Bildung vor, sagt sie. Dort dürften die Mädchen gar nichts.

Dann kommt der Guide, der mich schon gesucht hat, sich seinen Ärger aber nicht anmerken lässt. Auf, auf zum Bus, er wedelt hektisch mit den Armen, ich lasse den heißen Nescafé stehen, unsere Gruppe zieht weiter, der nächste Termin wartet, die nächste Stadt, die nächsten Funktionäre, das nächste Essen. Da ist sie wieder, diese ewige Gruppenaktivität, die die Chinesen so lieben und für die wir Deutschen das Wort «Gruppenzwang» erfunden haben, weil wir das eher anstrengend finden. Aber endlich einmal habe ich jemanden gesehen, der sich vom ständigen Jü hui losgesagt hat, dem alles um sich herum mitsamt allen Mitmenschen schlicht egal war, weniger wichtig jedenfalls als der nächste Schritt und der nächste Atemzug. Vielleicht braucht es ein Land, das so groß und so voll und so laut ist wie China, dass das Alleinsein und Leisesein und Auf-sich-Konzentrieren zu einer Kunst erhoben werden kann wie beim Tai-Chi. Das denke ich noch, dann verlasse ich June's Coffee Shop und folge der Gruppe zum Bus. Nur nicht denken, nur nicht schauen, weiter, weiter durch Henan.

IM WALD
DER VERZWEIFELTEN

Es nebelt. Wenn es nicht gerade nebelt, dann regnet es oder wettert sonst irgendwie auffällig vor sich hin. **Das Meeres- und das Kontinentalklima treffen sich hier, auf der Westseite des Harzes, kooperieren bei der → Wolkenbildung, hängen die Produkte an den Brocken und dunsten die dunkelbewaldete Gegend so lange ein, bis alles abgeregnet ist. Und das kann dauern.** Der Harz ist schuld daran, dass in meiner Familie das Urlaubsmotto «Nie wieder Norden!» ausgerufen wurde und jahrzehntelang Gültigkeit behalten sollte.

Besagte Familie mietete sich damals im Ettershaus in der ehrwürdigen Kurstadt Bad Harzburg ein. Das Ettershaus war ein Siemens-Mitarbeitererholungsheim und erwies sich als nur halb so schlimm, wie es klang, denn immerhin war es eine herrschaftliche alte Villa, im Jahre 1913 für die Hertha-von-Siemens-Stiftung erbaut von zwei bekannten

31

Wolkenbildung

Berliner Architekten der Neuen Sachlichkeit, Bruno Taut und Franz Hoffmann, und demgemäß sehr stilvoll. Betrieben wurde das Anwesen von zwei Relikten des 19. Jahrhunderts, einem Damenduo, das man früher wohl als ältliche Jungfern bezeichnet hätte, beide konsequent fräuleinrottenmeierhaft in Gestalt und Umgang. In meiner Erinnerung tragen sie hochgeschlossene Blusen mit Kameen am Hals, aber das denkt sich meine Erinnerung bestimmt nur aus. Wenn Essenszeit war, schlugen sie einen riesigen Gong, der durchs ganze rüschenbeplüschte Haus schallte, denn Pünktlichkeit war eine Tugend, womöglich gar die wichtigste. Ich muss damals dreizehn oder vierzehn gewesen sein und tat das einzig Richtige: Ich wurde sofort krank. Magendarm. Draußen regnete es oder nebelte oder beides, aber das ging mich nichts an, ich lag im Bett und schaute durch Spitzengardinen in den grauen Himmel.

Meine Erinnerungen an diesen Aufenthalt sind diffus und bedürfen der Auffrischung. Ich befinde mich in einer Gemütslage irgendwo auf halbem Weg zwischen Masochismus und Neugier: Es kann doch nicht so schlimm gewesen sein. Oder? In bester gesundheitlicher Verfassung begebe ich mich knapp dreißig Jahre später im frühen Frühjahr wieder in den Harz. Und in dieser Zeit hat sich einiges verändert, unter anderem die politische Geographie. Mauerfallbedingt ist der Westharz nun kein Zonenrandgebiet mehr, und die damit verbundene Zonenrandförderung wurde eingestellt. Wenn nicht gleich hinterm Waldrand der Todesstreifen lauert, kann das einer Gegend eigentlich nur förderlich sein, sollte man denken. Allerdings fahren die wanderbegeisterten Harztouristen jetzt zu einem nicht geringen Teil geradewegs in den Ostharz durch, ins hübsch herausgeputzte Wernigerode zum Beispiel. Seitdem kränkelt der Tourismus im Westen, die Übernachtungszahlen sind auf die Hälfte zusammengeschrumpft. Die Mauer hielt also nicht nur die DDR-Bürger in der DDR, sie zwang auch die Westdeutschen in den öden Westharz, den sie, seit sie die Wahl haben, nicht mehr unbedingt freiwillig besuchen.

Der Westharz ist ein Wendeverlierer. Daran können auch die Schilder mit dem Unesco-Logo nichts ändern, die an der schneeplackengesäumten Straße nach Braunlage alle paar Kilometer auftauchen und auf die «Buntenbocker Teiche» oder den «Kuttelbacher Teich» verweisen, die irgendwo da unten hinter Nebel und Nadelwald liegen. Man kann sie besichtigen, sie sehen aus wie Teiche. Der Westharz hat mit dem «Oberharzer Wasserregal» zwar ein flächenmäßig sehr, sehr großes Weltkulturerbe abbekommen, aber leider auch das vermutlich unspektakulärste weltweit: einen Haufen Teiche im Wald, schwergängig in der Vermarktung und teuer im Unterhalt.

Ein paar Weltkulturerbeteiche später, mitten im hohen Harz, liegt Braunlage, «das Herz im Harz». Man muss Orte mögen, in denen die gute alte bundesrepublikanische Zeit stehengeblieben ist, sonst wird man hier nicht glücklich. Das Eisstadion ist ein trüber Betonklotz aus den Siebzigern, der auch durch seine ungelenke, aber sehr bunte Bemalung mit ratlos auf einer Eisfläche herumstehenden Eisläufern keinen weiteren Optimismus auszustrahlen vermag. Daneben, direkt in der Ortsmitte, befindet sich ein Loch aus Gras und Schotter, das den «Adventure-Golfpark Braunlage» bildet. Einkaufen kann man Harz-Spezialitäten bei «Harz-Spezialitäten», Krimskrams bei der «Kleinen Zauberwelt» und bei «Adolf Junker Haushaltswaren» alles, was aus einer Zeit stammt, in der es noch Adolfs und Junker gab. Die Gastronomie ist unspektakulär. Wenn nichts mehr hilft, helfen Harzer Grubenlicht und Schierker Feuerstein («garantiert Original-Rezept Apotheker Drube»). Von der letztgenannten, hier an jeder Ecke beworbenen Spirituose wurde ich eindringlich gewarnt, man könne damit problemlos ganze Kontinente ausrotten. Vermutlich ist die Gegend deshalb so dünn besiedelt.

Das Einzige, was wirklich floriert, ist die Wurmberg-Seilbahn. Sie schaufelt Stunde um Stunde Skifahrer und Wanderer aus dem Tal hinauf auf den Wurmberg, weil die halben Niederlande auf dem Kunstschnee der paar Pisten herumrutschen wollen, um anschließend in einer sich alpin gebenden Hütte Pommes zu bestellen. Einmal im Jahr wird das große Nacktrodeln veranstaltet. Das Ski-Halligalli hatte auf Anhieb mehr Erfolg als das jahrelange Werben um sanften, naturverträglichen Tourismus, und von irgendetwas müssen die Braunlager ja auch leben. Man wünschte nur, es wäre alles nicht ganz so deprimierend. Dann stolpert man auf Spiegel Online über den Fall des Gastwirts der «Idylle», der pleiteging, seine Frau umbrachte, das Haus anzündete und sich aus dem Fenster stürzte. Immerhin konnte die Feuerwehr eingreifen, bevor es zur Gasexplosion kam. Verzweiflung gibt es überall, aber Braunlage hat eine Extraportion abbekommen.

Weiter also durch Schneefelder und Wolkenfetzen, an Welterbeteichschildern vorbei nach Bad Harzburg. Das gute alte Ettershaus gleich am Ortseingang steht schon seit Jahren leer. Von den hölzernen Fensterrahmen blättert die Farbe, das sieht man bis zur Straße hin, jemand hat immerhin das gröbste Dickicht im umliegenden Park gerodet, nun vergammeln die toten Büsche auf Haufen. Ein Investor, so heißt es, habe das Haus gekauft und wolle ein Luxushotel daraus machen. Ich schaue auf die breite Durchgangsstraße hinter mir, auf den tropfnassen Wald und den Nebel vor mir und weiß nicht so recht.

In Bad Harzburg hängt die Nebelsuppe und gibt nur widerwillig kahle Bäume und Fachwerkvillen mit Türmchen und Erkerchen frei. Die Stadt stapelt sich auf den Hang als Freilichtmuseum für Spukhausmodelle in Stein, Holz und Schindel, und mitten durch diese in die dunkle Landschaft geronnene Gothic Novel führt die langweiligste aller Fußgängerzonen, «Bummelallee» genannt. Perücken gibt es in der «Zweithaar-Praxis», Osterkitsch bei «Bärbel's Lädchen» und Bier im «Bier-Comptoir». Der Seniorenteller («1 Frikadelle mit Rösti und frischem Blumenkohl») kostet sechs Euro neunzig. Überall gibt es hervorragende Cafés mit riesigen Torten, aber so ist das eben in Kurstädten, den älteren Erholungssuchenden lockt man nicht mit veganen Cupcakes, da muss sich die Sünde lohnen. Da darf es eine Schwarzwälder Kirsch sein, eine Makronentorte oder ein Frankfurter Kranz mit ordentlich gesättigten Fettsäuren und Schweinegelatine und allem. Und extra Sahne.

Bad Harzburg ist eine dieser Städte, die nur schwer damit zurechtkommen, dass die Krankenkassen seit dreißig Jahren nicht mehr jedem drei Kuren pro Jahr verschreiben, und die sich seitdem bemühen, neue Zielgruppen zu erschließen, wie man so schön sagt. Am besten solche, die ein bisschen wandern wollen und ein bisschen Wellness dazu, ab und an Torte essen und ansonsten wenige Bedürfnisse haben. Hier gibt es nämlich nichts Aufregendes. Hier sind nicht einmal die Weltkulturerbestätten hinreichend aufregend. Deshalb kippt man punktuell Rentner aus, füttert sie ab, sammelt sie wieder ein und kutschiert sie weiter in ihrem Komfortbus herum.

Eine der Hauptattraktionen ist der Radau-Wasserfall. Der heißt nicht so wegen des Lärms, den er eigentlich auch nicht verursacht, sondern nach dem Fluss Radau. Die Radau wird auf der ersten Silbe betont. Sie kommt aus den dunklen Nadelwäldern dahergeflossen und wäre schlicht und ohne Aufhebens durch Bad Harzburg geplätschert, wäre nicht im Jahr 1859 Philipp August von Amsberg, seines Zeichens Gründer der Herzoglich Braunschweigischen Staatseisenbahn, auf die Idee gekommen, sie über einen

Pilzkiosk

halbwegs dekorativen Felsen am Stadtrand zu leiten. Geht man also am Märchenpark und am Ettershaus vorbei, was generell eine gute Idee ist, immer an der vielbefahrenen Ortsstraße entlang, dann kann man den Radau-Wasserfall nicht verfehlen.

Direkt daneben steht ein echter Pilzkiosk, der für den Kenner dieser aussterbenden Spezies die eigentliche Sensation darstellt. Vergesst den Wasserfall, schaut auf diesen Pilz! Pilzkioske gibt es nämlich seit den fünfziger Jahren in Deutschland in Fertigbauweise, und weil dort einst vor allem Milchgetränke ausgeschenkt wurden, nannte man sie auch Milchpilze. Damals wurden sie europaweit vertrieben, heute verzeichnet die Wikipedia nur noch dreizehn Stück. Die meisten stehen inzwischen unter Denkmalschutz. Der → Pilzkiosk von Bad Harzburg müsste wieder einmal gestrichen werden, ansonsten dient er völlig unbemerkt und ohne Erwähnung in den Stadtplänen,

Kurbetrieb

die sonst jeden Stein als Sehenswürdigkeit vermerken, dem Verkauf von Porzellankitsch.

Die ganze Infrastruktur des alten Heilbades ist auf den → **Kurbetrieb** ausgelegt. Man muss das mögen. In der alten Wandelhalle ist heute das Palmencafé untergebracht. Es gibt natürlich Torte, aber auch respektable Angus-Burger. Gegen drei kommt der Alleinunterhalter, baut sich zwischen den Palmenkübeln auf und spielt Muzak-Versionen der eingängigsten Melodien von 1580 bis vorgestern, von Greensleeves bis Moon River. Bei «Somewhere over the Rainbow» singt er in ganz zartem Falsett mit. Ich schleiche mich heraus, so leise es geht.

Am Ortseingang erhebt sich der neue Baumwipfelpfad, der sicherlich wunderbar ist, aber am Eingang rät man mir von einer Besichtigung ab. Zu viel Nebel, man sieht ja eh nichts. Also schaue ich mir den Märchenwald an. Wer es bis zu diesem Punkt geschafft hat, sich ein wenig Restoptimismus zu erhalten, dem wird spätestens hier grau um die Seele. Mir jedenfalls schrumpelt das Herz angesichts der versammelten Trostlosigkeit in Plastik. Ich entrichte am Kassenhäuschen fünf Euro bei einem muffeligen Mann mittleren Alters, kaufe keines der Souvenirs, die hier seit geschätzt den frühen siebziger Jahren in staubigen Plastikbeuteln hängen, und wandele ratlos zwischen den Attraktionen herum.

Alles ist feucht und schmutzig. **Die elektronischen → Reittiere wurden offenbar vor Jahrzehnten von irgendwelchen Supermärkten ausgemustert und grinsen mit verblassten Restgesichtszügen ins Nichts. Drei nasse Pfauen sitzen auf einem Zaun und tropfen. Ziegen schreien.** Eine Teddybärenschulklasse staubt mit angedunkeltem Fell vor sich hin und starrt mit Glasaugen auf eine winzig kleine Schul-

Reittiere

tafel. Ein Tor in gammligem Lila bildet den Eingang zum Rapunzel-Labyrinth, sieht aber eher aus wie der Eingang zu einem Jahrmarkthorrorhaus, in dem wirklich ab und zu Leute verschwinden. Ein paar Märchenklassiker bekommt man vom Tonband vor den Märchenbuden erzählt, dazu drehen sich Kulissen mit lange nicht mehr geputzten Holzpuppen vor einem Fenster und zeigen starre Puppenkinder, Puppenväter, Puppenprinzessinnen. Wenn man einen Knopf drückt, bringt man Holzzwerge in einem Vitrinenbergwerk dazu, sinnlos ins Nichts zu hämmern, dazu plärrt eine Kinderstimme aus einem Lautsprecher, wie sich zehn Bibabutzemänner immer neuen Unbilden des Alltags aussetzen (Brei, Sonnenbrand) und wie daran einer nach dem nächsten zugrunde geht bis zur vollständigen Bibabutzemannausrottung. So erklärt man Kindern Darwinismus.

Ich kann diese Stadt, ich kann diese Landschaft nicht so verlassen. Niemand verdient einen Märchenpark wie diesen, nicht einmal der Westharz, niemand verdient diesen Niedergang und diese Verzweiflung und diesen Text. Ich setze mich in meinem schmalen Einzelzimmer also noch einmal vor den Stadtplan von Bad Harzburg und gebe mir große Mühe, etwas zu finden, was mir gefallen könnte. Da stoße ich auf einen Namen: Winuwuk. Ich habe diesen Namen schon einmal gehört, ich sage ihn vor mich hin, er resoniert in meinem Inneren durchaus positiv, also mache ich mich auf den Weg, den Berg hinauf durch die Villen und Sträßchen.
Irgendwann komme ich an einen Wegweiser, der mich über ein Grundstück lotst, und so nähere ich mich der Angelegenheit von hinten, umgehe sie und lande schließ-

lich an der Eingangstür: ein verschachteltes Etwas, unten rund und oben spitzgiebelig, eine Architektur auf halbem Weg zwischen Arts&Crafts-Stil und Auenland. Das Ganze geht auf das Konto zweier Künstler, Walter und Dore Degener, die sich nach den Ersten Weltkrieg nicht freiwillig, sondern aus familiären Gründen hier ansiedelten und feststellen mussten, dass diese Bad Harzburger in keiner Weise mit aktuellen Kunstströmungen vertraut waren. Da beschlossen die beiden, dies schleunigst zu ändern, und ließen in einer Gegend, die tatsächlich «Elfeneck» heißt, die Galerie Sonnenhof erbauen und, zur Finanzierung des Ausstellungsbetriebes, das Café gleich daneben. Bernhard Hoetger hieß der Mann, der sich diese rundliche Kuriosität erdachte, und genau so, wie er sie aus Ton modellierte, denn so pflegte er zu entwerfen, so wurde sie auch erbaut.

Und so steht sie im Großen und Ganzen bis heute da, mit ihren eigens entworfenen Möbeln und den extraschiefen Eichenstämmen und den Schnitzereien. Die Bedienung ist freundlich, und Kuchen gibt es hier auch. Ich sitze zwischen schiefen Wänden und schaue durch niedrige Sprossenfenster über die tropfenden Bäume des Elfenecks hinweg. Egal, was sich dieses Bad Harzburg noch an Touristenattraktionen ausdenkt, nichts reicht an diese windschiefe Angelegenheit heran, die zwei idealistische Spinner zur Erbauung des Volkes auf die Wiese gesetzt und über die Zeiten gerettet haben. Vielleicht braucht der Westharz einfach noch ein paar Spinner, die hier ihre Nische finden, vielleicht können nur Verrückte diesen verzweifelten, dunklen, nebligen Landstrich noch retten. Alle anderen sind ja anscheinend schon gescheitert.

MEKONG

ZWEIUNDDREISSIG GEISTER

Als ich vor den Abt des Klosters trat, hatte ich eine Plastiktüte mit Spülschwämmen in der Hand. Wobei «treten» nicht ganz richtig ist: Wir näherten uns kniend. Etwa fünfzehn Europäer, die nur selten knien, robbten auf dem harten Felsboden vorwärts, allesamt bewaffnet mit nützlichen Dingen wie Putzmittel, Toilettenpapier und gegrillten Maiskolben, bemüht, uns den Schmerz nicht anmerken zu lassen. Wir rutschten halbkreisförmig bis zum Abt vor, der mit mildem Lächeln in einem dieser enormen Ledersessel saß, die man bestimmt auch in eine bequeme Fernsehposition verstellen kann, legten unsere Plastiktütengebinde ab und rutschten wieder zurück. Nun sollten wir uns dreimal verbeugen, und zwar möglichst tief, bis die Stirn den Boden berührt. Wir machten alles brav mit, denn wer will schon den Abt vom Felsenkloster verärgern?

Der **→ Abt** thronte mit seinem Sessel eingepasst zwischen einfache Pressspan-Regale voller Bücher und Zeug. Ein Handfeger lag da, eine Plastikdose mit Vitaminpräparaten, um ihn herumgebaut noch mehr Bücher, bunte Pappboxen mit Papiertüchern, eine Taschenlampe, Gehstöcke, Flaschen aus Glas und Plastik, ein Schraubglas mit undefinierbarem Inhalt, drei Handys und ein Walkie-Talkie in Griffweite. Wir sollen uns frei machen vom Begehren, denn Begehren bedeute Leid, sagte der Abt. In diesem Moment bedeutete vor allem das Knien auf dem rohen Felsen ziemlich großes Leid, aber wir lächelten tapfer. Zum Abschied bekam jeder von uns eine getrocknete, gesalzene Pflaume, der Abt ließ sie in meine Hand fallen, denn er darf keine Frauen berühren. Während eine Klosterköchin uns süßen Kräutertee reichte und wir beineschüttelnd in dem großen Raum herumstanden, zwischen Bücherschränken, Abtfotos, Plastikwanduhren und einem großen Wackelbild, das aus mehreren Perspektiven verschiedene bunte Schoßhündchenmotive zeigt, zündete der Abt sich ein schmales Zigarettchen an.

Ich hatte mir die Audienz bei einem buddhistischen Abt anders vorgestellt, irgendwie aufgeräumter. Aber wir befanden uns ja auch in der hintersten Provinz, in Thailands wildem Nordosten, in den sich kaum je ein Mensch verirrt, der hier nicht gerade wohnt. Bangkok ist sehr weit weg, etwa eine Flugstunde vom Provinzflughafen Udon Thani, und die Strandresorts des Südens sogar noch weiter. Hier leben die Menschen vor allem vom Anbau von Ölpalmen, Reis und Drachenfrüchten, deren Stauden aussehen wie schlappe Kakteen und die ohne die Stützkorsette aus

Der Abt

Draht ziemlich erbarmungswürdig im Dreck herumliegen
würden.

Nach der Audienz kletterten wir auf den großen roten
Sandsteinfelsen, zu dessen Fuß das Felsenkloster liegt, erreichten bei einiger Hitze über ein Labyrinth aus Holztrep-
pen und schmalen Pfaden, an Einsiedlerhäuschen vorbei
und durch Bambuswäldchen hindurch irgendwann ein
Plateau, von dem aus wir die Landschaft überblicken konnten. Da sahen wir, wie grün und flach alles ist und wie bäu-
erlich, denn Dschungel gibt es kaum noch, der wurde in
den vergangenen Jahrzehnten fast vollständig abgeholzt.
Sieben Stockwerke hat der Felsen, das steht für die sieben Stufen der Erleuchtung, und er ist ein beliebter Berg
für Pilger, aber auch für Mönche, die sich dort oben eine
Weile einquartieren. Ob wohl auch der Abt seinen Ledersessel verlässt und hier hinaufsteigt, fragten wir uns, und

ein paar Wochen im Jahr in einem bescheidenen Holzhüttchen verbringt, ohne seine schmalen Zigarettchen, aber mit grandioser Aussicht? Auf die wirklich interessanten Fragen gab er uns leider keine Antworten, er lächelte nur wissend, zumindest wollten wir das glauben, und blätterte beiläufig in einem Buch, einem Coffeetable-Band über das Kloster. Und so blieben uns die näheren Lebensumstände des buddhistischen Abtes weiterhin ein Geheimnis.

Aber wir sind auch nicht des Abtes wegen hier. Grund unserer Reise in den wilden Nordosten Thailands ist der Mekong, der an seinem unteren und oberen Ende von ziemlich vielen Touristen befahren wird, nicht aber in der Mitte. Die Mitte ist landschaftlich nett, aber eher unspektakulär. Dafür ist man völlig allein mit sich und den Örtchen und Städtchen am Ufer. Rechts wohnen die Laoten, links die Thailänder, wir dazwischen auf unserem hölzernen Flussschiff, umgeben nur von ein paar Einheimischen in kleinen Booten mit Motor, ein paar Vögeln und ansonsten sehr viel Wasser, denn der Mekong ist ein ziemlich breiter Strom. Grund zum Anlegen gibt es dennoch andauernd, und sei es nur etwas so vermeintlich Unspektakuläres wie ein laotisches Dorf.

Das Dorf liegt an einem Seitenarm des Mekong namens Kading. Als wir im Vormittagsdunst mit unseren Holzbooten anlegen, legt gerade die Fähre ab, voll beladen von Rand zu Rand mit einem Jeep, einem Pick-up und einem Anhänger. Schwankend tuckert sie los und hält auf das hügelige Ufer gegenüber zu. Wir dagegen stapfen durch rote staubige Erde die Böschung hinauf. Trocken ist es, die trockenste Zeit des Jahres, bald beginnt die Regenzeit, und die Bauern haben wieder viel zu tun auf ihren Reisfeldern. Jetzt aber sitzen sie ausgeruht in und vor und unter ihren Häusern, die Frauen weben bunte Borten, die später einmal Röcke und Blusen zieren werden, die Männer basteln ein bisschen am Haus herum, die Kinder schwärmen gerade in leuchtend weißen Hemden von der Schule nach Hause. An Bretterwänden hängen Kochtopfbestände, in alten Booten und in Traktorreifen sind Kräuterbeete angelegt, der Eiermann fährt mit seinem kleinen Lastwagen Eier aus, und Hühner gehen seelenruhig spazieren.

Man sieht, dass in diesem Dorf trotz aller Ruhe etwas vor sich geht. Die, die es sich leisten können, und das sind einige, reißen ihre traditionellen, auf Pfählen gebauten Holzhäuser ab und ersetzen sie durch Steinhäuser. Diese werden so bunt wie möglich angestrichen und gern noch mit gemusterten Fliesen versehen, ein Wohntraum in Orange-Lavendel-Blau-Grün mit Blümchen, so farbenfroh hat man es hier gern. Eine Frau erzählt stolz, sie habe die dicken Teakholzstämme ihres alten Hauses teuer verkaufen können, in China seien diese sehr begehrt, zum Beispiel, um alte Holztempel zu renovieren.

Neben jedem Haus aber, ob aus Holz oder Stein, auf Pfählen oder am Boden gebaut, ob braun oder bunt, steht ein großer Stapel gelber Kisten mit der Aufschrift «Beerlao», und darin ist genau das: laotisches Bier. Hin und wieder hört man, es sei das beste Bier Südostasiens. Der Beerlao-Braumeister mit dem schönen, aber sehr komplizierten Namen Sitthixay Ketthavong ist noch nicht so lange an Bord. Er ging nämlich im Jahr 1989 in den gerade zerbröselnden

Bruderstaat DDR, um dort Lebensmitteltechnik zu studieren. Außerdem studierte er das ostdeutsche Bier. Und zwar mit einer solchen Begeisterung, dass er sich schließlich im Jahr 2004 in Berlin zum Braumeister ausbilden ließ.

Wir laufen durch das Dorf, es ist Mittag und sehr, sehr warm. Wir bekommen Durst. Überall steht Beerlao. Wir wollen auch Beerlao. Dann kommen wir an einer Terrasse vorbei, auf der ein paar junge Mädchen herumsitzen und aus einem kleinen Radio kratzige Musik hören. Ob sie vielleicht Bier haben?, fragen wir. Wir zahlen auch dafür! Die Mädchen verstehen uns. Und so scharen wir uns um die Terrasse des Hauses in diesem kleinen laotischen Dorf, in der Hand bunte Plastiktassen mit Grinsegesichtern drauf, und bekommen, großäugig bewundert von den kleinen Geschwistern, von den älteren Töchtern beständig Bier nachgeschenkt. Noch eins und noch eins. **Ab und zu machen sie mit ihren Handys ein Bild von den seltsamen Fremden, die eines Tages wie aus dem Nichts auftauchten, die nach Bier fragten, nach → Beerlao natürlich, und wie sie dann das Geschäft ihres Lebens machten.**

Einst verlief am Mekong der Bambusvorhang, das östliche Pendant zum Eisernen Vorhang. Thailand wimmelte vor amerikanischem Militär, das das Land als Stützpunkt im Vietnam-Krieg nutzte. In Laos dagegen gewann die Pathet Lao, die kommunistische Widerstandsbewegung, immer mehr an Einfluss, bis sie 1974 unblutig die Macht im Land übernahm. Grundsätzlich hat sich an der Disposition der Länder wenig geändert, aber die Wachtürme und Flakgeschütze, die einst die Grenze markierten, sind verschwun-

Beerlao

den. An den Krieg erinnert auf thailändischer Seite nur die für diese ländliche Gegend ungewöhnlich gute Infrastruktur, auf laotischer Seite hingegen die vielen Blindgänger, die noch heute im Boden stecken. Laos ist eines der am stärksten bombardierten Länder der Welt – und trotz aller Bemühungen, trotz geheimer Operationen und wirtschaftlicher Repressalien konnten die Vereinigten Staaten nicht verhindern, dass das einst neutrale Land nicht mit ihnen kooperieren wollte.

Die kommunistische Partei konnte sich in Laos vor allem deshalb bis heute halten, weil sie sich nicht groß in den Alltag einmischt. In den Anfangsjahren versuchte die Regierung, Kolchosen nach sowjetischem Vorbild einzurichten – und scheiterte grandios, weil die Bevölkerung genau das nicht wollte. Die Bauern versteckten das Erntegut lieber, als es der Allgemeinheit zur Verfügung zu stellen.

Die Regierung gab solche Reglementierungsversuche bald auf. Sie schaffte nach zehn fruchtlosen Jahren schließlich auch die Planwirtschaft wieder ab, nachdem das Land wirtschaftlich überhaupt nicht auf die Beine kam, und ist seitdem recht beliebt, jedenfalls denkt momentan niemand an Umsturz. Exporte von Holz, Textilien und vor allem Energie nach Thailand sorgen für bescheidenen Wohlstand. Es gibt prima Bier und Smartphones. Und der Tourismus zieht allmählich auch an.

Allerdings nicht hier, am unspektakulären Teil des Mekong. Unser Schiff fährt weiter flussaufwärts, und abends legen wir in einem Städtchen an. Wir flanieren am Ufer entlang, und in einer langen Reihe haben die Einwohner kleine Grillstationen aufgebaut. Entlang der Straße stehen Tische und Hocker aus Beton, überall sitzen Grüppchen und essen, als hätte sich der ganze Ort zu einem großen Picknick verabredet.

Auch unsere einheimische Schiffsmannschaft sitzt jetzt da an einem der wackeligen Tische am Flussufer und schaut aufs mittlerweile pastellrosalila gefärbte Wasser. Sie reichen uns Fleischspießchen, sehr gut und scharf. Außerdem stehen da Beerlao und eine große Schüssel mit Eiern. Die → Eier sind angebrütet, man sieht schon die Umrisse dunkler Hühnerembryos im Eigelb.

«Tastes like chicken soup!», versichert man uns und hält uns die Schüssel hin. «Wanna try?»

Zwei Tage später werden wir Helden der Auslandsgastronomie in Thailand die frittierten Heuschrecken zum Bier relativ anstandslos verzehren – aber angebrütete Eier sind einfach zu viel. Wir lehnen dankend ab und gucken den Es-

50

Eier

sern mit gerümpften Nasen über die Schultern. Die Schiffsbesatzung lacht sich eins.

Etwas später und etwas weiter unten am Ufer, dort, wo die
jungen Mädchen sich versammeln und auf ihren Smartphones herumklicken, da leuchtet ein roter → **Stern**. Oh,
irgendetwas Kommunistisches, denken wir. Aber es ist
nur die lokale Kneipe, die mit einem Heineken-Emblem
wirbt. Warum, das bleibt völlig ungeklärt, denn hier trinkt
niemand Heineken, hier trinken alle Beerlao. So auch die
sehr fröhliche Schiffsbesatzung, die uns zu sich herwinkt.
Schon wieder steht Essen auf dem Tisch, denn Bier ohne
Essen, das ist in Asien eher ungewöhnlich. Und weil ständig alle Bier trinken, knabbern ständig alle irgendetwas.
Der Gurkensalat sei sehr scharf, warnt man uns, aber uns
soll's recht sein, solange keine Tierembryos drin sind. Außerdem sollen wir nicht trinken, ohne miteinander anzu-
stoßen. Das mache man nicht. Gründe zum ständigen An-

stoßen gibt es aber reichlich, sodass niemand jemals Durst leiden muss.

Am nächsten Tag sind wir die Gastgeber. Das Schiff legt am späten Nachmittag an einer Sandbank an, und wir schwimmen in die Abendsonne. Der Fluss, der so breit und behäbig aussieht, entwickelt eine unerwartete Strömung, wenn man erst einmal drinsteckt. Derweil baut die Mannschaft Grills auf, denn wir erwarten Besuch. Es wird dunkel, die Lichterketten leuchten, und da kommen auch schon die Holzboote herangetuckert. Das nahe Dorf ist eingeladen, wenn unser Schiff kommt, im Gegenzug wird für uns eine Baci-Zeremonie abgehalten. In Nordthailand und Laos wird die veranstaltet, wenn jemand kommt oder geht, geboren wird, heiratet, bei Krankheit und Genesung, wenn irgendetwas passiert ist, wenn nichts passiert, aber passieren soll, und überhaupt: Irgendwas ist ja immer.

Stern

Wir sitzen auf Matten um ein silbernes Tablett herum, auf dem aufgerollte Bananenblätter spitzkegelige Pyramiden bilden, darum herum sind Blumen und Früchte drapiert. An Bambusstäbchen hängen weiße Baumwollfäden. Grundsätzlich geht es darum, die Geister aller zweiunddreißig inneren Organe, die «Kwan», in harmonischen Gleichklang zu bringen. Darum bittet auch der ältere Herr, der eine solche Zeremonie üblicherweise abhält, in seinem Singsang. Wir alle müssen das Silbertablett berühren oder zumindest unseren Vordermann, dann werden die weißen Baumwollfäden abgenommen und um die Handgelenke gebunden. Da machen alle mit, schnappen sich ein Bündel Bänder und knoten los, die Kleinsten wie die Ältesten. Man muss sie nun drei Tage tragen, darf sie aber auch danach nicht abschneiden, das ist gar nicht gut, das vergrätzt die Kwan. Entweder man knotet sie auf oder, das ist die sicherste Variante, man wartet, bis sie von allein weggammeln. Ich warte bis heute, aber sie sind erstaunlich widerstandsfähig.
Nach der Zeremonie gibt es Essen, Beerlao und Gesang. Die Dorfbewohner beglücken uns mit traditionellen Liedern, wir singen «Bruder Jakob» im dreistimmigen Kanon und gruppenbedingt zweisprachig, was unsere Gäste enorm beeindruckt. Ab und zu kommt einer mit einem weißen Kanister vorbei und schenkt uns Reisschnaps nach. Zu keiner Zeit haben wir das unangenehme Gefühl, Teil einer künstlich organisierten Touristenbespaßung zu sein. Es ist eher so, als freuten sich alle, dass hier endlich mal was los ist. Das Blumen- und Blätterarrangement dürfen wir mitnehmen, es reist jetzt am Bug unseres Schiffes voran, zusammen mit dem obligatorischen Tellerchen mit Essen, das ist für die Ahnen und schützt unseren Weg.

Die laotische Seite des Mekong macht einen ziemlich beschaulichen Eindruck, obwohl ein großer Teil der Landesbevölkerung entlang des Flusses lebt, dem einzigen halbwegs ebenen Teil des Landes. Aber es sieht nicht so aus, als würden sich die Menschen dort auf die Füße treten. Wenn man jedoch auf die thailändische Seite übersetzt, wird es sofort wimmelig. → **Nong Khai ist ein einziger großer Markt. In den ruhigeren Seitenstraßen gibt es kleine Restaurants und Pensionen. Überall treiben Menschen Handel, verkaufen chinesische Haushaltswaren und bunte Sahnetörtchen, traditionelle und westliche Kleidung, Gemüse, Pillen und Salben und Früchte und iPhone-Hüllen. Es gibt eine breite Uferpromenade, auf der Pavillons stehen, in deren Schatten mobile Massagesalons ihre Dienste anbieten. Eifrig kneten Damen an Zehen herum und walken Rücken mit Ellenbogen.**

Und je später der Abend wird, desto größer wird das Essensangebot. Darunter auch alles, was sechs Beine hat – frittiert und zu ansehnlichen Bergen aufgehäufelt, liegen dort Heuschrecken und große schwarze Käfer auf Tischen, gern auch Seidenraupen. Man isst sie aus der Tüte oder beim Bier, als Snack zwischendurch. Sie schmecken vor allem fettig. Am Ufer ist Rentnerdisco, unter flatternden bunten Wimpelchen rocken hier die thailändischen Senioren zu einheimischer Schlagermusik. Die wenigen weißen Gesichter, die wir sehen, gehören ehemaligen amerikanischen Soldaten, die hier hängen geblieben sind. Es ist ein nettes Städtchen, wir können schon verstehen, warum man sich von der westlichen Zivilisation verabschieden und hierbleiben will.

Nong Khai

Am nächsten Morgen fahren wir ein paar Kilometer weiter, denn gleich hinter Nong Khai befindet sich eine Sehenswürdigkeit, die uns harmlos als «Skulpturenpark» angekündigt wurde. Der Park Sala Kaeokhu wurde von einem heiligen Mann namens Bunleua Sulilat gegründet, einem gebürtigen Laoten, der wie so viele seiner Landsleute nach Thailand floh, nachdem die Kommunisten das Ruder übernommen hatten. Um Sulilat ranken sich viele Legenden: Er habe Mönch werden wollen, doch erblindete er jedes Mal, wenn er sich die Haare schor. Dann werde eben kein Mönch, sagte seine Mutter zu ihm, und er hörte auf diesen pragmatischen Rat. Stattdessen traf er einen Eremiten, zog mit ihm herum und ließ sich über Hinduismus und Buddhismus belehren. In Laos begann er mit den ersten Skulpturen, dann floh er nach Thailand, um erst einmal wegen kommunistischer Umtriebe im Gefängnis zu landen. Später arbeitete er im

Straßenbau, bis er genügend Jünger und Unterstützer um sich geschart hatte, um seine Vision zu verwirklichen.

Sulilat arbeitete für den Rest seines Lebens an diesem Park, an den meterhohen gemauerten Skulpturen, die mit glattem Beton überzogen sind. Hier versammelt sich die gesamte buddhistisch-hinduistische Mythenwelt, die Götter, ihre Reittiere und die Nagaschlange, die im Mekong wohnen soll. Eine ihrer Höhlen befindet sich der Überlieferung nach direkt unter der laotischen Hauptstadt Vientiane, und zwar genau dort, wo die Amerikaner gerade ihre Botschaft hingebaut haben. Sie könnte, scherzen die Laoten, sich jetzt gern mal wieder blicken lassen.

Im Park bäumt sich die Nagaschlange meterhoch auf, um den auch schon riesigen Buddha beim Meditieren zu beschützen. Ich kaufe eine Blumenkette und hänge sie einem Tiger ans Ohr, der dort als eines der chinesischen Sternzeichen im Halbkreis mit seinen Kollegen kauert. Dann gehen wir Sulilat besuchen, den verhinderten Mönch, der in einem großen Mausoleum aufgebahrt ist. Zwei Stockwerke erklimmen wir, zwei Stockwerke voller Buddhastatuen und Opfergaben, und dann, im dritten, finden wir ihn, ganz am Ende des Raumes. Am Rand stehen hölzerne Vitrinen, darin seine Besitztümer: Bücher, Fotos, Matratze, Kleidungsstücke. Die Wände sind gesäumt von Porträtfotografien, er muss im Laufe seines Lebens zigmal vor der Kamera gestanden haben, ein sanftes, rundes Gesicht hat er, mit vollen Lippen, die fast immer lächeln, und markante Augenbrauen.

Vor einer Glasfront ein Sammelsurium angestaubter künstlicher Blumen und Lamettagirlanden, ein bunter Devotionalienteppich, ein paar Essensgaben, die streng nach fettigem Fleisch riechen, ein Foto vom Krankenbett, als Sulilat schon von der Leiter gestürzt war und seiner Arbeit nicht mehr nachgehen konnte, noch immer lächelt er. **Opferstöcke bitten um Spenden, ein Kniehocker lädt zum Verweilen. Hinter der Glasfront schließlich, unter einer großen gläsernen Glocke, liegt seine ledrige → Mumie. Man sagt, die Fingernägel wüchsen stetig weiter.**

Wer hat eigentlich das Gerücht aufgebracht, Buddhismus sei eine flauschige Wellnessreligion? Der Buddhismus, den ich die letzten Tage erlebt habe, ist so eigentümlich wie silbergefasste Gallensteine in katholischen Wallfahrtskirchen und brokatgeschmückte Heiligenskelette in Glassärgen. Er ist nicht leer und vergeistigt, er ist voller Dinge, die mal besser, mal weniger gut riechen, mal schön und mal grausig sind und allesamt helfen, die übernatürliche Welt

Mumie

bei Laune zu halten. Wie konnte das nur alles so missverstanden werden, dass Buddhas bei uns als Dekoration für Hotelspas benutzt werden? Am Flughafen von Bangkok weisen Schilder darauf hin, dass Buddha kein Accessoire ist, sondern Teil einer Religion, die es bitte zu respektieren gelte. In Sri Lanka wurde eine Touristin mit Buddha-Tätowierung ausgewiesen. Aber all das zusammen hilft vermutlich nicht so sehr, mit Vorurteilen aufzuräumen, wie die Konfrontation mit dem ungemütlichen Teil einer Kultur es vermag.

Ich jedenfalls bin froh, als ich dem Geruch der Opfergabe und dem Bannkreis der Mumie entkomme. Im Park riecht es wieder frisch, die Pflanzentöpfe stehen in Reih und Glied. Die sieben Köpfe der Nagaschlange haben ihre Mäuler aufgerissen und strecken mir synchron ihre Zungen heraus. Sulilat habe sich selbst als Inkarnation der Naga begriffen, heißt es, deshalb gebe es in diesem Park so viele davon. Im Mekong ist sie uns nicht begegnet, die Schlange, sie hat sich wohl nicht aus Vientiane herausgewagt. Aber wir haben ja auch alles dafür getan, dass die Ahnen, die Götterwelt und alle zweiunddreißig Organgeister uns gewogen waren.

SLOWENIEN

SLOWENISCHE INSOLVENZ- MASSE

«Was willst du denn in Maribor?», fragte mich mein guter Freund Alex. «Maribor ist das Offenbach Sloweniens.» Ganz genau wusste ich auch nicht, was ich dort wollte, hatte aber keine Wahl. Die Wahl hatte bereits das Land Slowenien für mich getroffen, das Maribor im Jahr 2012 zur Kulturhauptstadt Europas gewählt hatte und nun bemüht war, Journalisten der Weltpresse die Schönheiten oder zumindest Interessantheiten der Stadt an der Drau vorzuführen. Ach, Offenbach, dachte ich, so schlimm wird es schon nicht werden.

Zwei Wochen später saß ich am frühen Abend mit Alex in einem postsozialistischen Hotelbunker auf einem Sofa, dessen Muster ein farbenblinder Dreijähriger mit einem steinalten Computerprogramm zusammengeklickt haben musste. Und das war noch der Lichtblick zwischen dem Resopal, dem Polyester und den nikotingelben Kacheln im

Bad. Ich klammerte mich an der Bierdose fest, die Alex mir mit mitleidigem Blick gereicht hatte, und klagte mein Leid: «Seit zwei Tagen prügeln mir Funktionäre Power-Point-Vokabeln um die Ohren. Und wenn sie nicht weiterwissen, was eigentlich der Dauerzustand ist, bewerfen sie mich mit bunten Broschüren. Keiner weiß was, weil die Funktionäre ständig wechseln, und nie ist einer nur halbwegs lange genug im Amt, um so etwas wie einen Überblick über die Sache zu bekommen. Und diejenigen, die Ahnung haben, haben nichts zu sagen und sind deshalb frustriert.»

«Oha.»

«Dazu ein deutscher Kulturverein, der ausdauernd die eigene Marginalisierung beklagt und sich seine Räumlichkeiten vom ehemaligen Kärntner Landeshauptmann Haider bezahlen ließ, der damit wohl die Front im Ortstaferlstreit ein paar Kilometer nach Süden verlegen wollte. Weil er Zweisprachigkeit im eigenen Land nicht duldet, die Tschuschen aber gefälligst Herrenrassensprache zu reden haben.»

Ich redete mich in Rage. Was hatte dieses Maribor aus mir gemacht? Stammelnde Funktionäre, Hotelzimmer, in denen man sich allerhöchstens umbringen möchte, und dann auch noch dieses Elend von einer Stadt: zwei, drei einigermaßen ältliche Straßen im Zentrum, in denen sämtliche Ramschketten der Welt ihre Grabbelkörbe aufgestellt hatten, eine Stadtburg und ein paar alte Gebäude, ein ansehnliches Flussufer namens Lent, das man in ungefähr zehn Minuten besichtigt hat, der älteste Weinstock der Welt. Drum herum Wohnblöcke, langweilige Betonkomplexe, die nicht einmal als pittoresk brutalistisch durchgehen, und haufenweise Ausfallstraßen, auf denen man berechtigterweise aus dem Elend hinausrasen kann, gesäumt von so vielen Baumärkten, dass sich halb Slowenien damit renovieren könnte. Ein Gürtel aus Fertigarchitektur, Industriebrachen, Unlandschaft. Es gibt hier nichts, was man nur als halbwegs ansehnlich bezeichnen könnte. Mit sehr viel Mühe könnte man diese Stadt als interessant bezeichnen, aber diese Mühe wollte ich mir gerade auch nicht machen. «Du hast Offenbach bitter Unrecht getan», sagte ich zu Alex. «Und wenn ich morgen noch einem einzigen Funktionär oder marginalisiertem Deutschen zuhören muss, dann laufe ich schreiend aus dem Raum.»

«Dann komm doch mit uns», sagte er.

Und so saß ich am nächsten Morgen in Verweigerung des offiziellen Kulturhauptstadt-Journalistenprogramms in einem Lieferwagen, um mit zwei Frankfurter Lampenhändlern die Insolvenzmasse einer slowenischen Glasbläserei aufzukaufen. Wir fuhren aus der Stadt hinaus, und mit jedem Kilometer, den wir uns von Maribor entfernten, wurde die Landschaft schöner. Sie wellte sich erst sanft, hügelte dann entschlossener, grünte nun deutlich vor sich hin und zierte sich mit kleinen Dörfern.

Wir hielten an und bestellten in einem Café Bela Kava, den ortsüblichen Kaffee mit Milchschaum, von dem man im Sozialistenbunkerhotel anscheinend noch nie gehört hatte, denn man speiste uns mit schrecklichem Automatengebräu ab. Wir saßen auf einem Dorfplatz mit geradezu oberitalienischen Qualitäten, mit gelassen plaudernden älteren Herrschaften an Tischen mit beblümten Wachstuchtischdecken. Zehn Kilometer hinter Maribor wurde das Leben plötzlich auf mediterrane Weise angenehm. Ich begann langsam zu begreifen, warum Alex seit Jahren so gut wie jeden Sommer in diesem Land verbrachte, aber nie in Maribor.

Dann erreichten wir den Fabrikkomplex, eine einst stolze Glasbläserei, hundertfünfzig Arbeiter waren hier beschäftigt, zum Schluss noch hundert. Auf alten Fotos im Verwaltungstrakt sahen wir die Arbeiterinnen der einstmals stolzen «Steklarna Luminos», wie sie bekittelt und beschürzt an ihren Werkbänken stehen und Glasvasen und Lampenschirme bemalen, wie sie Farbglas herstellen, was in Europa kaum noch jemand beherrscht, wie sie färben und ätzen und bunte Schichten übereinander aufbringen. Hohe Decken, Sonnenlicht fiel durch Glas, eine feine Staubschicht über allem. In der Halle, in der vor wenigen Wochen noch die Glasmasse glühte, stapelten sich nun Hunderte alter Formen aus den letzten siebzig Jahren. Formen aus Bauhauszeiten, Kugellampen, Trapeze und Zylinder, hölzerne Model für zeitlose Schönheiten, die nun ausgemustert wurden. Sie und die Maschinen und die Brennöfen und die Werkbänke und Hunderttausende Lampenschirme, palettenweise. Und hundert hoch spezialisierte Handwerker. Kann alles weg.

Andreja, die Insolvenzverwalterin, führte uns durch die Hallen. Sie ist eine von siebzehn Insolvenzverwaltern in Slowenien, derzeit hat sie sechzehn Betriebe abzuwickeln. Und es reiße nicht ab. Die neue Krise, sagte sie, schlage erst noch richtig zu, das Schlimmste komme noch. Und das sei nichts gegen die Krise von 2006.

Aber was ist mit der Glasbläserei passiert? «Hypo Alpe Adria», sagt sie schulterzuckend. Der Betrieb hat zwar gut verkauft, war aber mit Hypotheken belastet bis unter die Decke und entwickelte sich nicht richtig. Aus Gründen: Niemand habe darauf geachtet, dass Nachwuchs ausgebildet wurde, und das Design haben Arbeiterinnen so nebenbei entworfen. «Und es herrschte noch eine Einstellung wie im Sozialismus, man hat eben sein Soll erfüllt und nicht mehr.» Das sei eine Krankheit dieser Staaten, und auch hier bei Steklarna Luminos schwebte lange noch Titos planwirtschaftlicher Geist über allem, zu lange.

Dann gab sie mir Anweisung, unbedingt noch übers Land zu fahren, die Dörfer seien wunderschön, und man könne überall hervorragenden Wein trinken.

«Andreja, sag mir eins», fragte ich schließlich. «Warum ist ausgerechnet Maribor Kulturhauptstadt geworden?»

«Tja», sagte sie. «Ich glaube, der Flughafen ist zu schlecht ausgelastet.»

Eine ehrlichere und einleuchtendere Antwort würde ich so schnell nicht mehr bekommen. Ich beschloss, sie als Arbeitshypothese vorerst gelten zu lassen.

Während bei Steklarna Luminos die Geschichte eingemottet wurde, bemüht sich Maribor wacker um seine kulturelle Neuerfindung mitten in der Krise. An der Universität soll eine Fakultät für Design entstehen, hatte mir Marjeta Ciglenecki erzählt, Professorin für Kunstgeschichte an der Universität von Maribor und eine der wenigen im Funktionärsreigen, die wusste, wovon sie sprach. Ich wunderte mich. → **Design? Hier?** In dieser Stadt, in der Kik als Boutique durchgeht und die Straßen gesäumt sind

Design? Hier?

von Sexshops, Handyläden und Matratzendiscountern?
Ernsthaft? Es war schwer genug, so etwas wie ein Stu-
dentencafé zu finden.

«Extravaganz gibt es hier nicht», sagte Professorin Ciglenecki dann auch. Es seien ja Arbeiterkinder, die hier studierten, Kinder einfacher Leute. Ein Bürgertum habe es
in Maribor zwar einmal gegeben, aber nur bis zum Zweiten Weltkrieg: «Das war immer ein bisschen mit der deutschen Kultur verbunden.» Und dass diese lange Zeit nicht
wohlgelitten war, ist eine politische Frage. «Die Slowenen
sind eher Arbeiter oder Bauern, die Deutschen waren eher
reiche, kultivierte, konservative Bürger.» Und von diesem
Bürgertum blieb nicht viel, nicht viel vom Geld, nicht viel
von der Kultur, nur ein Raum voller jammernder Leute,
finanziert von Jörg Haider.

Es ist auch nicht ganz einfach, in der immerhin zweitgröß-
ten Stadt des Landes nach Ljubljana ein solides Restaurant
ausfindig zu machen. Wir beschließen, dort zu essen, wo
die Fotos im Schaukasten den Oligarchen Roman Abramo-
witsch zeigen, wie er anscheinend zu mehreren Anlässen
die dicke Wirtin umarmt. Denn wo der Oligarch isst und
wiederkommt, da muss es schmecken, sagten wir uns, was
sich auch bewahrheiten sollte.

«Dennoch», sagte Alex unter Fischernetzen und Plastik-
krebsen beim Risotto, «du hast Slowenien nicht gesehen.
Du tust diesem Land Unrecht, wenn du nur Maribor kennst
und ein paar Kilometer außen rum.»

Und da wir schon Offenbach Unrecht getan hatten, beschloss ich, dass dem Land Slowenien dieses Schicksal
erspart bleiben sollte. So willigte ich schließlich ein, mir
Slowenien zeigen zu lassen, und wir nahmen ein paar Wochen später am Frankfurter Hauptbahnhof den Zug nach
Klagenfurt und den Triebwagen nach Zagreb und fuhren
einen ganzen Tag lang von morgens bis abends durch die
Alpen in den alten Kurort Bled am Bleder See. Dessen Ufer
ertrugen im vorigen Jahrhundert zwei Monarchien, Fa-
schismus, Sozialismus und Kapitalismus. Die Monarchie
reiste zwecks Sommerfrische an, die SS saß im Parkhotel
und wollte das deutsche Volkstum festigen, indem es Boden
enteignete, und Josip Broz Tito wählte den Ort bewusst als
Sommerresidenz in Nachfolge des Königs Alexander von
Jugoslawien.

Und es ist auch kein Wunder, dass sie alle hierherkamen,
an einen Ort von fast unwirklicher Schönheit, mit der Burg
hoch oben auf dem Felsen und der Marienkirche plus

Abendlicht

Kloster auf der absurd kleinen Insel mitten im See. Wo
das → **Abendlicht** ein solches Grellviolett annehmen kann,
das sich auch noch auf den schneebedeckten Gipfeln der
Julischen Alpen breitmacht, dass man der Natur zurufen
möchte: Halt, stopp, jetzt ist genug!

Seit seinen Glanz- und politischen Hochzeiten hat Bled
zwar an repräsentativem Status eingebüßt, aber vor allem
Italiener und Engländer wissen das entspannte Städtchen
zu schätzen. Sie spazieren die sechs ebenen Kilometer um
den See herum, rudern oder lassen sich rudern und gehen
ansonsten opulent und günstig essen, denn an Gelegenheit
dafür mangelt es hier, im Gegensatz zu Maribor, nicht.

Mit Mato, einem gebürtigen Bleder, trinken wir Bela Kava
auf dem Platz vor dem Einkaufszentrum, einem seltsam
behaglichen Sozialismusidyll, das ein bisschen wie die

Sparversion eines deutschen Kurstadtzentrums aussieht. Mato wandert in jeder freien Minute. Er kennt die Berge hier, die Wege, die Pflanzen und Pilze und weiß immer, wie das Wetter wird. Das ist sehr slowenisch, erfahre ich, denn die allermeisten Slowenen laufen in Outdoorjacken herum und sind begeisterte Sportler. Auf den ersten Blick unvereinbar damit ist die Tatsache, dass sie auch begeisterte Trinker sind, aber das macht sie ja auch sympathisch. «Als Slowenien in die EU kam, war das Land schuldenfrei», sagte Mato. Alles war prima, dann gingen einige Dinge schief. Zuerst einmal seien viele Instanzen korrupt. Man könne sich zwar keine Schulabschlüsse mehr kaufen, diese Zeiten seien vorbei, aber Richter gibt es immer noch gegen Geld, das freut die Mafia. Und von Politikern bekommt man ohnehin alles im Sonderangebot, das freut finanzkräftige Großkonzerne, erschwert die Binnenwirtschaft und gibt Insolvenzverwalterinnen wie Andreja gut zu tun. Die Folgen sieht man in jedem Supermarkt: Einheimische Produkte sind aus den Regalen verschwunden, die internationalen Großmarken bestreiten nahezu das gesamte Sortiment. Dabei sind es gar nicht so sehr die alten Eliten, die sich festgesetzt haben, die Korruption ist eher ein strukturelles Problem, das man nur langsam loswird.

In Maribor wird man an jeder Straßenecke daran erinnert, dass etwas nicht rund läuft im Lande Slowenien. In Bled kann man das wunderbar vergessen. Man kann mit dem Auto auf den Autozug fahren und durch die Windschutzscheibe die Berge anschauen, die rechts und links wild und unzersiedelt an einem vorbeiziehen. Es gibt Bären dort oben. Man kann in Most na Soci wieder aussteigen und zum Kolovrat fahren. Man kann den Hügel hochklettern, auf dem die halbzerschossenen Wachtürme stehen und der durchzogen ist von Schützengräben aus dem Ersten Weltkrieg. Die Schützengräben waren alle mit Wellblech abgedeckt, die benutzten die Bauern der Gegend später als Scheunendächer, und da rosten die Kriegsbleche bis heute friedlich vor sich hin. **Am höchsten Punkt des → Kolovrat steht man genau auf der Grenze zu Italien und ganz hinten, hinter den blauen Bergkuppen, da glitzert das Meer.** Ich verstand dort oben auf diesem windigen, halbitalienischen Gipfel allmählich dieses Land, das von allen Seiten unterschiedlichsten Kulturen ausgesetzt war und noch immer ist. Das in einem Bermudadreieck zwischen Italien, dem Habsburgerreich und Kroatien festhing. Ich verstand, warum auf den Speisekarten der Gasthöfe Wildgulasch, Tintenfischrisotto und Cevapcici in trauter Eintracht die lokale Küche bilden und dass das hier überhaupt kein Widerspruch ist. Es gibt in Slowenien ja alles, es gibt Berge und Meer und Seen und Hügel, und alles ist ganz nah. Aber es gibt nur etwa zwei Millionen Slowenen, das ist nicht viel, und achthunderttausend davon sind Arbeitsmigranten aus alten jugoslawischen Zeiten. Ein kleines Völkchen ist das, freundlich und eigensinnig. Slowenen sind Bergmenschen, sind solche, die es gewohnt sind, einsam in Outdoorjacken gegen Herausforderungen anzurennen.

Aber nicht in Maribor! Die sind ganz anders! Petra, Geschäftsführerin des Hotels Vila Bled, weiß das, sie stammt selbst von dort. In Maribor herrsche ein immenser Zusammenhalt. Und das mache den geschäftlichen Umgang mit ihnen so schwierig: Jeder schulde jedem noch einen Ge-

Kolovrat

fallen, und jeder hänge sich bei jedem hinein. Was heute noch eine Zusage ist, ist morgen schon keine mehr, weil irgendjemand gerade irgendetwas blockiert. Das erklärt zumindest ansatzweise den Funktionärsringelpiez, dem ich an meinem ersten Tag ausgeliefert war, das erklärt die ständigen Wechsel in der Organisation der Kulturhauptstadt, und das erklärt die Frustration derer, die sich einbringen wollen und abgewiesen wurden. Und man solle, sagt Petra, wenn man Slowenien kennenlernen möchte, vielleicht wirklich in Ljubljana anfangen oder sonst wo, jedenfalls nicht in Maribor. Und diese Stadt zur Kulturhauptstadt zu ernennen sei eventuell keine so richtig gute Idee gewesen.

Eine viel bessere Idee war, sich in der Vila Bled einzuquartieren. Denn wenn die jeweils aktuellen Regenten sich in

Bled aufhielten, residierten sie stets an jenem Flecken, auf dem erst das Schlösschen des Königs stand und dann die Vila, Titos Sommerresidenz, die heute ein Hotel beherbergt. Viele der Angestellten, die an der Rezeption arbeiten, kennen die Geschichte des Hauses, die Anekdoten und Geschichten, man muss sie nur fragen. Angefangen mit dem Habsburger Adel, dann König Alexander von Jugoslawien, dann Heinrich Himmler, der große, wirre Pläne für Bled im Allgemeinen – Marienkirche weg, Wotanstempel hin – und einen Neubau der Vila im Besonderen hatte, jedoch nicht weit damit kam, denn dann übernahm schon Tito und ließ das Haus nach seinen Plänen fertigstellen. So eine gewisse natursteinerne Brachialität merkt man dem Gebäude jedoch bis heute an.

Im Konzertsaal im ersten Stock zeigt ein Wandfresko die Geschichte der Partisanenschlachten des Zweiten Weltkriegs, aus denen Tito mit englischer Unterstützung siegreich hervorgegangen war, zeigt detailreich nässende Kopfverbände, deutsche Kriegsgefangene, die Entstehung der Republik Jugoslawien, die Arbeiter, die Bauern. Ein Fresko, das Tito aus diplomatischen Gründen mit einem Vorhang verhüllen ließ, als er Willy Brandt hier empfing. Der Vorhang tut bis heute seine Zwecke. «Wir haben hier auch Hochzeiten», erklärt Marko, Rezeptionist und Haushistoriker, «und manche Paare wollen die Kriegsbilder nicht sehen.»

Auch Kim Il Sung wurde in diesem Haus empfangen und ließ das Bett, in dem er nächtigte, abbauen und nach Pjöngjang transportieren, wo es vermutlich bis heute steht.

Wenn man weiß, nach welchem Zimmer man fragen muss, kann man in Titos Bett schlafen und an seinem Schreibtisch E-Mails schreiben. Näher kommt man seinem Geist vermutlich nirgends, diesem bis heute gut gelittenen Despoten, dessen Porträt noch so manche Wirtsstube und so manches Amtszimmer ziert. Hier in Bled hielt er sich auch seine geliebten afrikanischen Wildtiere in einem Gehege im Park. Und schaute von einem Pavillon aus direkt auf den See und die Insel mit der Marienkirche, die Himmler zum Glück für uns Nachgeborene nicht mehr schleifen konnte.

Von diesem Pavillon voller Arbeiter- und Bauernfresken und Wildtiermosaike und mit obligatem Tito-Porträt schauten auch wir hinunter. Eine seltsam geschichtsschwere Ruhe breitete sich in uns aus, die eventuell auch am Essen gelegen haben konnte oder am Kräuterschnaps.

FRAU MUZUNGU
IM ETHNOFUMMEL

Stellen Sie sich vor, Sie stehen fern der Heimat an einem Flughafen, das Gepäckförderband dreht Runde um Runde, alle haben schon ihre Koffer, und dann steht der eigene Name auf einer Liste mit der Überschrift «Luggage not arrived». Genau das passierte mir am Bujumbura International Airport in der Hauptstadt von Burundi. Es war sehr später Samstagabend, und ich verfügte nur über einen Rucksack voller technischer Geräte, die ich zum Arbeiten brauchte. Immerhin war ich nicht allein mit meinem Schicksal, in unserer Gruppe waren wir zu viert. Wir würden zwei Tage warten müssen, sagte uns die buntgekleidete Frau hinter dem Holztisch, der als Gepäckverlustschalter fungierte, dann gebe es einen Flug ins nahe gelegene Kigali, da kämen unsere Koffer mit.

Unser erster Weg führte uns in einen burundischen Spätkauf. Das ist eine ziemlich bunte Angelegenheit mit spärlich bestückten Regalen, aber immerhin gab es Zahnbürsten, Zahnpasta, Shampoo und – in Ermangelung von Hautcreme – Vaseline. Auf der Vaseline stand «Nivea», was mich beruhigte, und auf der Zahnpasta stand «Sensodyne», was angenehm vertraut klang. Allerdings handelte es sich offenbar um eine afrikanische Version der Marke, sie schmeckte ungefähr wie die rosafarbene Abdruckpaste, die einem Zahnärzte immer in den Mundraum rammen. Also ungefähr wie ein zehn Stunden durchgekauter Kaugummi, nur gammliger. Ich stand vorm Badezimmerspiegel des landesweit einzigen größeren Hotels, ein Traum in Siebziger-Jahre-Betonethnizismus, schrubbte tapfer und bemühte mich, durch die Nase zu atmen. Dann zog ich alle Kleidung aus. Was blieb mir übrig. Ich hatte ja nichts außer meinen technischen Geräten.

Burundi mit seinen zehn Millionen Einwohnern ist sehr arm und steht, vorsichtig gesagt, noch ganz am Beginn seiner touristischen Entwicklung. Nicht besonders demokratische Präsidenten und Militärdespoten regierten es abwechselnd, Konflikte zwischen Hutu und Tutsi sorgten für ähnliche Zustände wie beim nördlichen Nachbarn Ruanda. Hotels, die einem halbwegs westlichen Standard entsprechen, sollte man besser nur in der Hauptstadt erwarten. Alle touristischen Attraktionen stehen einfach so herum, nehmen keinen Eintritt und sind weitgehend unbesucht. Da gibt es etwa die Nilquelle, und zwar die südlichste aller Nilquellen. Es gibt die sogenannte Deutsche Schlucht, eine von der Natur in den Felsen gehauene Scharte, durch die man direkt bis nach Tansania hinüberschauen kann. Es gibt den Tanganjikasee. So viel ließ sich aus der Wikipedia herauslesen, die auch nicht allzu viele Einzelheiten über Burundi wusste. Die meisten Menschen wissen nicht einmal, dass es das Land überhaupt gibt. Ich wusste es auch nur, weil der Cousin meiner Schulfreundin halb italienisch und halb burundisch war und diese burundische Hälfte uns Kinder damals zu einigen Spekulationen über dieses ferne, unbekannte Märchenland anregte. In unseren Köpfen entstand ein Bilderbuch-Afrika mit Elefanten und Giraffen, voller Frauen in bunten Gewändern, die auf ihrem Kopf Bananenkörbe trugen. Was Kinder sich eben so denken. Als ich die Möglichkeit bekam, mit einer Gruppe Journalisten und Reiseveranstalter nach Burundi zu fahren, teilte ich das meiner Schulfreundin natürlich sofort mit. Mir wurde eingeschärft, alles zu fotografieren und darauf zu achten, ob ich den Nachnamen ihres Cousins hörte. Vielleicht träfe ich ja auf Verwandte.

Am nächsten Tag mussten wir kofferlos Angekommenen aber zuerst die Kleiderfrage lösen. Unterwäsche in ziemlich kleiner Einheitsgröße aus Polyester konnten wir in chinesischen Billigshops kaufen. Doch dann wurde es interessant. Wir hatten schließlich mehrere Tage vor uns, davon auch zwei Tage in Naturparks und in den Bergen. Wir würden Wechselkleidung brauchen und etwas Warmes. Also gab es zwei Möglichkeiten. Erstens: die Safariklamotten, die das burundische Fremdenverkehrsamt eilends herbeischleppte, mit diskreter Stickerei des Logos und dem Spruch «The Heart of Africa». Meine Mitstreiter wühlten sich durch große Kisten in Tarnbeige, um Hosen und Westen mit ziemlich vielen Taschen hervorzuziehen. Nach ein paar Minuten sahen sie aus, als seien sie bereit,

Kinder

mit Rommel durch die Wüste zu ziehen oder wahlweise auf Großwildjagd zu gehen. Ich schluckte, hielt die tarn-beigen Hosen zwischen zwei Fingern hoch, ließ sie fallen und entschied mich für Möglichkeit zwei: die hotel-eigene Boutique. Hier gab es alles, nur eben in sehr Bunt. Ich wühlte mich durch großgemusterte Drucke in Grün-Gelb-Lila gestreift und Zebraprints, erstand schließlich eine Bluse mit Elefanten drauf und ein nicht vollkommen weit ausgeschnittenes Kleid mit sehr buntem Baumwolldruck. Als Nachthemden stellte uns Burundi Tourism T-Shirts der burundischen Post zur Verfügung, sie waren sehr groß und sehr gelb, aber nachts sieht einen ja keiner. So stapften wir also los: das Afrikakorps voran und ich in meinem Ethnofummel hinterher.

Wer ins ländliche Burundi fährt, muss damit leben, eine Sensation zu sein. Sobald wir aus dem Bus stiegen, kamen

→ **Kinder** angelaufen und riefen «Muzungu! Muzungu!», das heißt «Weißer». Dieses Wort ist keine Beleidigung, sondern erst einmal die nüchterne Feststellung eines ziemlich selten auftretenden Sachverhaltes. Sehr bald steht man dann vor einer Kinderhorde, die freundlich «Bonjour» sagt, um sich dann gegenseitig anzuschubsen und zu kichern, wenn der Muzungu mit einem ebenso freundlichen «Bonjour» antwortet. Es war im Übrigen vollkommen egal, wie wir aussahen. Die meisten Menschen in Burundi tragen entweder einfache westliche Kleidung, die schon bessere Tage gesehen hat, oder sehr bunte, großgemusterte Baumwolldrucke. Der Grund, warum wir auffielen und immer sofort von Kindern umringt waren, war nicht unsere Kleidung, der Grund war unsere Hautfarbe. Und die Möglichkeit, dass wir leere Plastikflaschen zum Spielen dabeihaben könnten.

Teeplantagen

Holzboote

Im armen, kühlen Norden gibt es einen Bergregenwald voller Schimpansen. Wir spazierten bei angenehmen sechzehn Grad durch → **Teeplantagen**, das war unerklärlicherweise sehr anstrengend, bis unser Guide nebenbei fallen ließ, dass wir uns hier auf fast zweitausend Metern Höhe befänden. Über die Kuppe hinweg, da ist Ruanda, da sitzen die Gorillas im Nebel und locken Touristen an, aber die Gorillas kamen nie über den Berg nach Burundi. Burundi muss sich mit dem See der tausend Vögel begnügen, den wir nach einer kurzen Fahrt durch tropfendes grünes Dickicht am sehr frühen Morgen besichtigten. Bei drei Männern mieteten wir Einbäume und mäßig dichte → **Holzboote** und ruderten auf dem morgendunstigen See herum. Ein paar Fischer taten das Gleiche und sangen afrikanische Fischerlieder, die zu uns herüberklangen, dazu platschte das Ruder, dazu ein paar Vögel, sonst Stille. Wir befanden uns im ärmsten Zipfel eines der

ärmsten Länder der Welt. Die Kinder, die am Ufer Insekten in schlammigen Pfützen fangen und in alten Plastikgefäßen nach Hause tragen, um sie zu rösten und zu essen, haben nicht mehr als einen alten Fetzen am Leib. Aber wie wahnsinnig, unglaublich schön es hier ist, das kriegt man im Kopf nicht wirklich zusammen.

Wir fuhren nach Süden, durch Dörfer, die aus lauter ziegelgemauerten Häusern bestehen. Die Ziegel sind aus der roten Erde gebrannt, die alles einstaubt, Mensch und Mauer und Vieh und Pflanze, sodass das ganze Land wie aus einem Guss aussieht, rot eingepudert und zusammengehörend. **Vor den kleinsten Häuschen noch stehen ein paar Pflanzen Spalier, zarte Cosmeen oder Hibiskusbüsche, die den Besucher empfangen. Und vor den größeren Häusern inszenieren die Burunder ein wahres Feuerwerk an → Außenbepflanzung, alles hübsch gezupft und zurechtgetrimmt, dass es einem deutschen Kleingärtner ganz warm ums Herz würde.** Es hat etwas ungeheuer Rührendes, diese Gärtchen noch vor den ärmlichsten Behausungen zu sehen, die Stangenbohnen und Bananen, die von ordentlichen Zäunen eingefasst werden, wo doch das Land so groß und weit ist. Vielleicht, denkt man, ist das ein Erbe der deutschen Kolonialzeit, aber das kann nicht sein, denn Deutsch-Ostafrika verging schon 1918, dann kamen die Belgier, die herrschten bis 1962 und prägten das Land viel stärker, von der französischen Sprache über das Brot bis hin zum sehr trinkbaren Bier.

Burundi will sich entwickeln, unbedingt, und der nördliche Nachbar Ruanda ist das Vorbild. Man glaubt es den

Außenbepflanzung

Menschen auch sofort. Alle sind ständig am Werkeln, am Bauen, am Ausbessern. Kommt man an einer Straßenbaustelle vorbei, arbeiten dort dreißig bis fünfzig Mann vor sich hin, walzen und asphaltieren und mauern den Entwässerungsgraben, der in der Regenzeit die Fluten ableitet, die sich ein- bis mehrmals täglich mit einiger Vehemenz übers Land ergießen. Und die Straßen sind meistens gut ausgebaut, eben und schlaglochfrei. Dafür sorgen die Chinesen, die hier investieren, und nicht nur hier, sondern in ganz Afrika, dessen Böden einmal die Nation ernähren sollen, wenn die chinesischen Äcker eines fernen Tages nicht mehr ausreichen. Nur Autos fahren bisher wenige auf diesen Asphaltstraßen, denn wer hat hier schon ein Auto? Meist sind es Fahrräder, die voll beladen sind mit bananenblattumwickelter Holzkohle in Säcken oder mit frisch gebrannten Ziegeln oder ganzen Schränken, die hier nicht von Ikea kommen, sondern vom Dorfschreiner, oder einfach mit Ackerfrüchten; so voll, dass die Fahrradbesitzer sie schieben müssen. Und die meisten Menschen gehen ohnehin → zu Fuß und bleiben bei jedem Motorengeräusch stehen, um zu schauen, wer da kommt, ein Muzungu womöglich oder gar mehrere.

Drei Nächte verbrachten wir in unseren großen gelben Post-T-Shirts in Hotels ohne Spiegel, mit Duschen ohne Wasser oder mit abenteuerlichen Schlauchkonstruktionen. Wir klopften den Schlamm von den Kleidern, und unsere Kosmetik bestand darin, ein bisschen Vaseline auf der Haut zu verreiben und mit der scheußlichen Abdruckpastenzahnpasta die Zähne zu putzen. Ich kämmte mich mit den Fingern. Dann wusch ich roten Lehm mit Wasser von meinen Lederschuhen, stopfte sie mit Toilettenpapier aus

Zu Fuß

und fettete sie mit Vaseline ein. Wir stanken vermutlich, aber es war uns egal.

Am Abend des zweiten Tages sollte das Gepäck landen, aber die Fluggesellschaft beschloss, dass es nach acht Uhr zu spät war, die Koffer noch auszuliefern. Am Abend des dritten Tages war es so weit, drei Koffer standen im Hotel und harrten ihrer schmutzigen Besitzer. Drei Koffer, meiner fehlte. Mein Koffer hatte nicht nur den Flug nach Bujumbura verpasst, mein Koffer hatte auch den Flug nach Kigali verpasst und stand immer noch irgendwo in Brüssel herum. Angeblich wisse man, wo er sei. Das beruhigte mich. Meine mitfühlenden Mitreisenden bedachten mich mit einer Hose ohne Seitentaschen, T-Shirts und einer Strickjacke aus ihren üppigen Kleidervorräten. Auf einem Markt in einer muslimischen Handelsstadt, die keine Kirche, sondern eine Moschee in ihrer Mitte hatte, kaufte ich Ledersandalen, die schlimm drückten, aber egal. So vieles war mittlerweile egal. Es gab Wichtigeres.

Vier strohgedeckte Hütten und ein dicht geflochtener Zaun aus Zweigen, über den man gerade so hinwegsehen kann: Das ist der Königspalast in Gishora. Doch, doch, Palast, das sagten sie alle, als sie von diesem Zweigwerk sprachen, und ich erwartete Ziegel oder doch zumindest Lehm. Aber nein, Zweige, gut hundert Jahre alt und kunstvoll in Hüttenform geflochten. Eine Hütte ist für den König, eine fürs Gefolge, eine für den königlichen Wahrsager, und eine Hütte beherbergt zwei der heiligen Trommeln. König, Gefolge und Wahrsager gibt es längst nicht mehr, doch die beiden heiligen Trommeln sind immer noch da. Ruciteme und Murimirwa heißen sie. Sie liegen in ihrer schattigen Hütte, und zwei handgeschriebene Schilder weisen die wenigen Besucher, die kommen, um sie sich anzuschauen, auf ihre Namen hin.

Diesmal kamen nicht nur die Kinder angelaufen, sondern auch die Erwachsenen, die auf den kleinen Feldern arbeiten, von deren Ertrag die meisten Menschen hier irgendwie leben. Das halbe Dorf hatte sich versammelt, denn heute würden die Trommler für uns trommeln. Die Trommler sind für Burundi ungefähr das, was die Symphoniker für Wien sind und der Thomanerchor für Leipzig, oder vielleicht sogar beides zusammen und doppelt so wichtig. Was es mit den Trommeln auf sich hat und speziell mit Ruciteme und Murimirwa, das weiß man aber erst, wenn man ihre Geschichte kennt, und die bekamen wir von Antime erzählt, der 78 Jahre alt ist und sein Leben lang für Burundi getrommelt hat.

Es war im Jahr 1908, erzählte Antime, als der König von seinem Cousin vom Thron gestoßen wurde. Der König floh mit seiner engsten Leibgarde und landete schließlich hier, auf diesem Hügel, auf dem damals ein wohlhabender Rinderbauer sein Haus hatte. «Ich bin's, dein König!», sagte der König. «Ich bin auf der Flucht und muss mich verstecken!» Wenn das wirklich der König ist, muss ich ihn verstecken, dachte der Rinderbauer. Aber wenn man ihn in meinem Haus findet, werde ich umgebracht. «Also gut», sagte der Bauer. «Ich verstecke dich in meinem Getreidespeicher.» So geschah es. Der König bekam zwei Gucklöcher gebohrt, dann füllte der Bauer den Speicher bis oben hin voll mit

Getreide, bis vom König nichts mehr zu sehen war. Bald darauf kamen zwei Männer mit Suchhunden vorbei. «Wir suchen den König», sagten sie. «Hast du den gesehen?» Der Bauer verneinte. Und unter all dem Getreide konnten die Hunde den König nicht riechen. Also gingen die Männer weiter. Kurze Zeit später kamen wieder zwei Männer. «Wir suchen den König», sagten sie. «Wir wollen ihm nichts Böses, wir sind sein Gefolge.» Der Bauer traute den Männern nicht, und so führte er sie erst einmal in sein Haus. Als sie am Getreidespeicher vorbeikamen, hörte der Bauer den König flüstern: «Ja, das ist mein Gefolge!» Der Bauer befreite den König aus dem Speicher. Das Gefolge und der König sammelten bald eine Armee um sich, und so gelang es ihnen, den Cousin vom Thron zu verjagen. Zum Dank bekam der Rinderbauer zwei prächtige Rinder geschenkt, die Ruciteme und Murimirwa hießen. «Sie werden grasen und Milch geben und irgendwann sterben», sagte sich der Bauer. Also schlachtete er die Rinder, gab ein Festmahl und ließ die Häute gerben. Mit den Häuten bespannte er zwei große Trommeln. Diese sollten zu Ehren des Königs geschlagen werden. Später errichtete der König an der Stelle des Getreidespeichers einen Palast. In einer Hütte lagen und liegen diese beiden Trommeln, und lange noch wurden sie zu besonderen Anlässen geschlagen.

Nun waren wir dieser besondere Anlass. Gleich unterhalb des Palastes erstreckt sich ein Plateau mit Blick über die regenzeitfeuchten Felder und die Hügel hinweg, die aussehen wie Toskana mit Bananen. Man hatte uns Holzstühle aufgestellt, eine ganze lange Reihe, und neben und hinter uns sammelte sich allmählich das halbe Dorf. Einige kamen direkt vom Feld und hatten noch ihre Arbeitsgeräte in der Hand, einige schoben schwarze schwere Fahrräder, die Frauen trugen bunte Tücher, die sie sich lose umgeschlungen hatten. Kinder guckten aus Tragetüchern. Große Körbe mit Bananen balancierten auf Köpfen. Dann kamen die Trommler, und ich wartete immer noch darauf, dass dieses Burundi endlich aufhört, so auszusehen wie Afrika früher in meinen Kinderbüchern, aber das tat es einfach nicht.

Wir Muzungus saßen nun brav aufgereiht auf den einfachen Holzstühlen unterhalb des Königspalastes, da hörten wir sie schon kommen. Sie trugen die Trommeln auf ihren Köpfen und schlugen sie, vorsichtig noch, dabei hoben sie ihre Füße bis auf Kopfhöhe. Auch Antime war dabei, obwohl er noch bis vor kurzem krank war und man ihm eigentlich verboten hatte, mitzuwirken, aber er lässt sich das Trommeln nicht nehmen. Es muss reichen, ein bisschen kürzer zu treten. Die Gruppe stellte sich im Halbkreis vor uns auf und legte los, tanzte, sang, schlug auf ihre Instrumente ein.

Wer Antime und seine Trommler sieht, ahnt nicht, welche Zeiten sie erlebt und überlebt haben. Und als wichtigste Kulturbotschafter des Landes waren sie immer ganz vorn mit dabei. Etwa im Jahr 1966, als der damalige Ministerpräsident den König vom Thron stürzte und die Monarchie abschaffte, die er durch eine Republik zu ersetzen gedachte, die in Wahrheit eine Militärdiktatur war. Der neue Präsident ließ im Radio verlauten, er habe den Palast in Gishora anzünden lassen, und die Trommeln seien zerstört. Die Trommler liefen sofort dorthin, um sich mit eigenen Augen zu überzeugen, fanden Palast und Trommeln jedoch unversehrt vor. Tagelang stellten sie sich mit ihren Speeren rund um den Zaun auf, damit Ruciteme und Murimirwa nicht Plünderern zum Opfer fielen. Schließlich meldete sich der neue Präsident mit einem Anliegen: Die Trommler sollten für ihn spielen. Zunächst zögerten die Trommler, denn sie hatten stets zu Ehren des Königs gespielt. Doch sie hatten Angst, getötet zu werden, und so spielten sie auch für den Präsidenten.

Die burundischen Trommler haben für den belgischen König gespielt und waren in den sechziger Jahren auf Welttournee, sogar in New York waren sie. Antime war nicht dabei, aber sein Lehrer Joseph, 89 Jahre alt und inzwischen nicht mehr aktiv. Doch wenn seine Trommler spielen, lässt er es sich nicht nehmen, zu schauen, ob alles mit rechten Dingen zugeht. Wie war das wohl für ihn damals? «Na, was glauben Sie», sagt Joseph, «wie es ist, von so einem Ort» – er zeigt auf die umliegenden Hügel – «in ein Weißer-Mann-Land zu kommen? Phantastisch!» In Burundi macht man nur wenige Unterschiede zwischen Europa und Amerika, Weißer-Mann-Land ist Weißer-Mann-Land, und Muzungu ist Muzungu. Zumindest für die Landbevölkerung; die Hauptstadt Bujumbura ist ein ganz anderes Pflaster.

Ein Lied wurde noch vorgetragen, und es scheint ziemlich populär zu sein. Während die Erwachsenen still zuhörten, sangen die Kleinsten, die keine Höflichkeitskonventionen kennen, den Text mit. Die Lieder handeln vom Alltag, von

Ernte und Arbeit und Dorfleben. Oft wurden sie während des Erntedankfestes aufgeführt, wenn die Bauern ihre Getreidespeicher gefüllt hatten und dem einen Gott, den sie verehrten, für die Gaben dankten. Die Dorfbewohner zogen sich nun langsam wieder zurück, sie hatten im Gegensatz zu uns nicht zu klatschen gewagt und bewegten sich auch sonst sehr vorsichtig und bedächtig.

«Wenn Burundier höflich sind, schauen sie niemandem in die Augen», erklärte mir Ange später. «Vor allem Frauen lächeln nicht und schauen niemanden an. Die Krieger und Trommler grinsen und machen eine Show, aber auch sie sind eigentlich sehr schüchtern. Und Zuschauer klatschen nie oder bewundern jemanden für sein Können.»

Ange ist in Burundi geboren, als eine von fünf Schwestern eines alleinerziehenden Vaters, der als Getränkegroßhändler wohlhabend genug war, seinen Töchtern eine gute Ausbildung zu ermöglichen – und dickköpfig genug, nicht auf jene zu hören, die sagten, ein alleinstehender Witwer könne keine Töchter erziehen. Ange studierte in London, ist ausgebildete Gerichtsdolmetscherin, später arbeitete sie mit Kindern und in der Kosmetikindustrie und lebte zehn Jahre in England und vier Jahre in Kenia, bevor sie in ihr Heimatland zurückkehrte. Sie wolle hier etwas verändern, sagt sie. Sie empfand es als frustrierend, wenn sie Freunden ihr Land zeigen wollte und die Touristeninformation wenig hilfreich war. Sie nahm eine gewisse Mittelmäßigkeit wahr, die sie vom Burundi ihrer Kindheit nicht kannte und die wohl mit dem Krieg zu tun hat und damit, dass gut ausgebildete Burunder wie sie auswanderten. Heute fährt sie Touristen in Bussen und im Jeep herum und hat einen Betrieb für Kunsthandwerk wie Schmuck oder Korbflechtereien, in dem sie vor allem Frauen beschäftigt. Das Atelier von Kaz O'zah Art ist in einer verschachtelten Hinterhofwerkstatt in der Hauptstadt Bujumbura untergebracht, in den Gängen sitzen Handwerkerinnen und nähen, häkeln, flechten.

«Es gibt für Frauen keine Möglichkeit, in einem traditionellen Haushalt Anerkennung zu erfahren», sagt Ange. «Dieser Mangel an Lächeln und dass es verpönt ist, sich gegenseitig Komplimente zu machen, das ist wie ein Virus in unserer Kultur – eine kleine Ursache, die viel Schaden anrichtet.» Ange legt Wert darauf, die Frauen für ihre Arbeit zu loben, sie aber auch, wo nötig, weiterzubilden. «Viele Menschen hier beherrschen ein Handwerk», sagt sie, «aber sie wissen nicht, was im Rest der Welt ankommt. Woher sollten sie auch? Die meisten haben keinen Zugang zum Internet. Und genau da greife ich ein.» Kunst ist in ihren Augen etwas, was ständig verändert und angepasst werden muss, und das gilt auch für das burundische Kunsthandwerk. Die graphischen Muster der burundischen Stoffe sind wunderschön, man muss nur etwas Praktisches daraus nähen. Schuhe oder Babytragetaschen zum Beispiel. Und die Naturmaterialien, aus denen die Ketten gemacht sind, haben ebenfalls großes Potenzial – doch es genügt nicht, sie einfach nur aufzufädeln, man muss ihnen eine ansprechende Form geben. «Lange waren die Burundier überhaupt nicht stolz darauf, etwas Burundisches zu tragen. Ich möchte, dass sie wieder stolz auf ihre eigenen Produkte sind», sagt Ange. Und es den Expats und den Wiederkehrern nachmachen, die ihre burundischen Stoffe und

Ketten inzwischen mit einigem Selbstbewusstsein auch im Ausland tragen.

Der Mangel an Stolz erklärt vieles. Zwar ist momentan eine emsige Tourismusministerin dabei, das Land als Reiseziel zu vermarkten, aber burundische Produkte findet man in Hotelshops nur selten. In der Hauptstadt gibt es immerhin zwei Anlaufstellen, um Kunsthandwerk zu kaufen, aber den wirklich unfassbar guten Kaffee bekommen wir nur im Supermarkt in eher unattraktiven Plastikbeuteln. Ebenso den Honig, hergestellt von Bienenvölkern in archaischen Holzköchern, die hoch oben in den Bäumen hängen. Sämtliche Grundnahrungsmittel werden natürlich hergestellt und sind qualitativ umwerfend. Niemand hat den Burundiern je gesagt, dass sie von uns Muzungus dafür locker den doppelten bis dreifachen Preis verlangen könnten.

Am Abend des vierten Tages feierten mein Koffer und ich unsere glorreiche Wiedervereinigung an den Gestaden des Tanganjikasees. Ich putzte meine Zähne mit einer angenehm pfefferminzigen Zahncreme, reinigte mein Gesicht mit etwas, das eigens für die Gesichtsreinigung konzipiert war, und stürzte mich nach einer ausgiebigen Dusche in Wäsche, die nicht aus kratziger Polyesterspitze bestand. Ich kämmte meine Haare. Mit einem richtigen Kamm. Ich freute mich über viele kleine Dinge. Dann aber hatte ich sehr schnell das Gefühl, viel zu viel mitgenommen zu haben. Wofür so viele Strümpfe, wofür die ganzen T-Shirts? Wofür das Kleid? Wofür die ganze Kosmetik? Tagelang war ich durch Gegenden gefahren, in denen uns die Kinder um leere Plastikflaschen zum Spielen angebettelt hatten. Und niemand täglich das T-Shirt wechselte. Oder über rückfettende Gesichtswaschlotion verfügte. Ich sah meinen Koffer an, mein Koffer stand nutzlos im Zimmer herum. Dann streifte ich das große gelbe Post-T-Shirt über und legte mich schlafen.

Während sich unten am Tanganjikasee am schulfreien Samstag schon in aller Frühe die Stadtjugend zum Baden trifft, geht es oben in der Stadt, deren wohlhabende Viertel sich die Hügel hinaufziehen, erst später richtig los. In der Mittagszeit herrscht Marktgedränge, an den Straßenecken hocken Frauen hinter Körben voller Mangos. Männer schleppen vom Mehlsack bis zum Eisenwarensortiment so ziemlich alles heran, was im Haushalt nützlich ist. In einer Straße sitzen die Schneider hinter ihren Nähmaschinen, die Kreuzung daneben gehört den Handyläden. Ganz normales afrikanisches Gewimmel also.

In Burundi sind die Menschen schon früh auf den Beinen, am Abend bald wieder im Haus. Dann füllt sich die Hauptstraße von Bujumbura mit Partyvolk. Clubs gibt es hier in allen Ausprägungen. Es gibt den afrikanischen, eher schlecht belüfteten Tanzschuppen mit Billardtisch und Plastikstühlen im Hof, in dem erstaunlicherweise gerade «Let's twist again» läuft und in dem einheimische Jungs mit schweißnassen Händen nach unseren greifen, um mit uns zu tanzen. Es gibt die «Havanna Bar» mit vier Billardtischen, in denen bullige GIs sich ein käufliches Mädchen – ist das wirklich ein Mädchen? – für die Nacht aussuchen. Und es gibt das schicke «Toxic», den wichtigsten Absackerclub am Platz, in dem afrikanische Mittelschicht und

Expats gemeinsam zu internationaler Housemusic tanzen. Das «Toxic» könnte in seiner universellen Hipness überall stehen. Doch bisher blieb Burundi von Filialen internationaler Kettenunternehmen weitgehend verschont. Nicht ein einziges Hotel einer großen Marke gibt es im Land. Auch das zeigt, wie jung der Frieden noch ist. Und wie sehr die wirtschaftliche Entwicklung noch am Anfang steht, von echter Demokratie ganz zu schweigen. Doch die schlimmsten Gräuel der Vergangenheit – zwei Genozide, die Hunderttausende Hutu und Tutsi das Leben kosteten – scheinen überwunden.

Auch damals spielten die Trommler von Gishora eine besondere Rolle. Während der Massentötungen von 1972 versteckten sich die Menschen aus Angst, gefangen genommen und umgebracht zu werden. Als sich die Lage beruhigt und die Armee die Kontrolle über die Sicherheit wiedergewonnen hatte, kam ein Offizier auf Antime zu und bat ihn, die Trommler zu versammeln. Die Armee wollte den Menschen ein Zeichen geben, dass die Lage nun sicher war und sie nach Hause zurückkehren konnten. Die Trommler begannen zu spielen, und ganz allmählich, berichtet Antime, wagten die Menschen sich wieder aus ihren Verstecken hervor. Die Trommeln von Burundi riefen nie zum Krieg auf, der Krieg kam immer von allein. Die Trommeln rufen zum Frieden.

KARAOKE IN
WAJIMA

Für mich ist Japan eine traurige philippinische Karaoke-Bar wie jene, die wir in Wajima besuchten. Das ist eine steile These, ich weiß, die muss ich gut begründen, also: Wajima ist ein kleiner Ort an der japanischen Westküste, kompakt aneinandergesetzte Häuser in Brauntönen, tropfende Gummihandschuhe hingen vor den Türen und gepflegte Bonsaikiefern begrünten die gartenlosen Straßen. Alles sah sehr strukturiert aus. Rundherum war viel Platz, vor allem viel Meer, dort wird Oktopus gefischt. **Das Ufer war gesäumt von Booten, zwischen ihren Masten hingen Glühbirnen an einer Schnur, melonengroße fragile → Glasblasen, die mit ihrem hellen Licht nachts auf dem offenen Meer die Tintenfische in die Netze lockten.** Früh am Morgen liefen die Boote ein, dann dröhnten Lautsprecherdurchsagen am Hafen über den Ort hinweg und bis zu unserem Hotel den Hang empor, dann wurden alle wach, dann begann der Fischhandel.

Glasblasen

Ich erhob mich von meinem Futon und schaute durch
die Fliegengitter vor den Fenstern, ob es regnete und ob
es hell war, und überlegte, ob ich hinausgehen sollte zum
Fotografieren, denn das war es, was wir hier tun wollten,
wir wollten uns ein Bild machen von diesem Land oder
mehrere, aber man kann eben immer nur eins gleichzeitig
machen, das ist dann das gerade gültige. Und das ist auch
das Schwierige am Fotografieren: Es kostet etwas Überwindung, das gerade vor einem Liegende zum momentan
einzig Abbildbaren zu erklären und die ganzen anderen
Möglichkeiten drum herum zu ignorieren. Ich raschelte
also leise über die Tatamis, zog mich an und die Regenjacke
über alles drüber, nahm meine Kamera und einen Reiskeks
und ging nach draußen und die Stufen hinunter zum Meer.
Ich habe Rose zum Glück nicht geweckt.

An der Tankstelle war der Treffpunkt, dort hielt der Lastwagen, auf den die Frauen mit den hölzernen Wagen schon gewartet hatten. Sie trugen bunte Kittelschürzen und Kopftücher und Gummistiefel und waren für diese frühe Uhrzeit schon sehr aufgekratzt, aber sie hatten den Abend eben nicht in einer traurigen philippinischen Karaoke-Bar verbracht, sie waren ordentliche japanische Fischverkäuferinnen und begannen nun, die Ware zu begutachten. Die Lastwagenfahrer stapelten die Styroporkästen auf dem Betonboden vor der Tankstelle, so eng und strukturiert wie alles hier in Wajima, und darin lagen auch sehr strukturiert die Fische auf Eis.

Ich nickte den Fischverkäuferinnen zu, dann nahm ich die Kamera vors Auge, das stört hier niemanden, wenn jemand sich ein Bild machen will, und wenn es ein Fremder ist, dann stört es erst recht nicht. Es kommen nicht viele Fremde an die Westküste und nach Wajima, auch nicht in unser Hotel, in dem nur ein oder zwei Angestellte englisch sprechen. Aber das macht nichts, wir hatten alle gelernt, wie man ein japanisches Hotel benutzt, wann man welche Schuhe anzieht, denn das ist das Wichtigste: draußen die Straßenschuhe, drinnen die Zimmerschlappen, auf der Toilette die Toilettenschlappen, alle aus Plastik und sehr bunt. Uns passierten immer seltener jene Missgeschicke, die die heilige Schlappenordnung durcheinanderbringen. Auch wie man sich im Onsen benimmt, das wussten wir nun, wir seiften uns sorgfältig ein und duschten, bevor wir in die heißen Badequellen steigen. Wir gewöhnten uns allzu raumgreifende Bewegungen ab. Wir waren schon eine Woche im Land und lächelten alle an, immer. Und alle lächelten zurück, weshalb unsere Bilder voller lächelnder Menschen sind.

Mit Rose hatte ich großes Glück. Natürlich war es ein Wagnis, meinen Urlaub mit einer Gruppe Menschen zu verbringen, die ich nie zuvor gesehen habe, organisiert von einem Japaner, der immerhin einmal mit mir skypen wollte, bevor er mich mitnahm. Dann bekam ich eine Mail, in der stand, dass ich mir ein Zimmer mit Rose teilen würde. Sie war lange Dozentin für Fotografie in Portland / Maine gewesen, nun frisch pensioniert und hatte den Trubel einer eigenen Retrospektive hinter sich gebracht. Da hing es nun, ihr Lebenswerk, und was fängt man an mit den Restjahren, die noch nicht musealisiert sind? Rose beschloss, erst einmal nach Japan zu fahren, und das war vermutlich eine gute Idee. Das fanden wir alle, die wir auch beschlossen hatten, nach Japan zu fahren. Rose lief mit Einwegkameras herum und mit einer alten Rolleiflex und schaute sich alles sehr langsam und sorgfältig an. Man bekam kaum mit, dass sie nebenbei fotografierte, denn sie feuerte keine Salve an geräuschvollen Schnellschüssen ab wie Jeff mit seinem riesigen Gerät mit dem riesigen Objektiv dran, das sicher sehr teuer war. Jeff war sich über das Bild, das er sich machen wollte, noch unsicher, deshalb machte er immer sehr viele auf einmal und warf das meiste weg.

Die → **Fischverkäuferinnen** an der Tankstelle packten die Ware, für die sie sich entschieden hatten, auf ihre Wagen und schoben sie in alle Himmelsrichtungen auseinander. Alle hatten ihre festen Kunden, und die meisten hatten schon Bestellungen aufgegeben. Ich lief an der Hafenmole

HENAN, CHINA

GRUPPENAKTIVITÄT MIT FUNKTIONÄRS-BEGLEITUNG

IM WALD
DER VERZWEIFELTEN

ZWEIUNDDREISSIG
GEISTER

SLOWENIEN

SLOWENISCHE INSOLVENZ-MASSE

FRAU MUZUNGU
IM ETHNOFUMMEL

JAPAN

KARAOKE IN
WAJIMA

PECHBLENDE FÜR DEN WELTFRIEDEN

MIT HÄUBCHEN UND TÄUBCHEN

BRANDENBURG

WENN DIE TROPEN
TRAUER TRAGEN

INNERE MONGOLEI

FARBRAUSCH IM GRASLAND

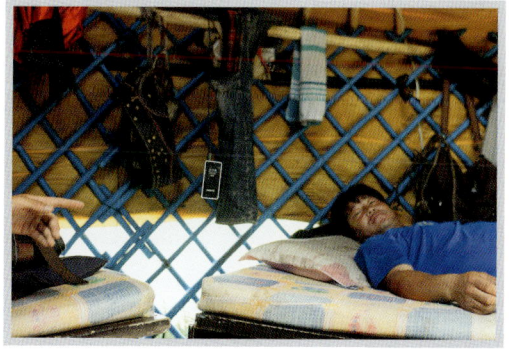

BEI DEN BÖSEN

IM FLUSS GOLD UND FORELLEN, ANSONSTEN EHER ARM

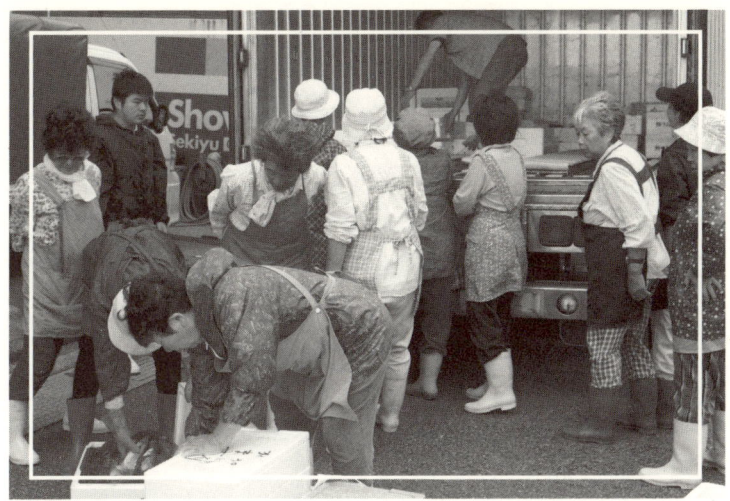

Fischverkäuferinnen

entlang, wo die Fischerboote dicht an dicht lagen und von sehr großen schwarzen Krähen umkreist wurden. Manchmal saßen Fischer am Ufer oder an Deck und flickten ihre → **Netze**. Die Netze waren aus Kunststoff und meistens orange oder rosa oder grün und sehr feinmaschig, sodass es aussah, als tauchten die Fischer ihre Hände in bunte weiche Wolken.

Am nördlichen Ende des Hafens war der Fischmarkt. Japanische Fischversteigerungen gehen sehr schnell und sehr laut vonstatten, das wusste ich schon aus Tokio. Am Fischmarkt ist die Thunfischversteigerung ein großes Geschrei und Getanze und Gewinke, und am Ende gehört der Fisch jemandem aus der Menge, der eine für Außenstehende unsichtbare Geste vollführt hat. Alle tragen Nummern an ihren Mützen und sprechen eine Sprache, die nicht

Netze

wirklich Japanisch ist, sondern ein auf Fischversteigerungen zugeschnittenes Zweckjapanisch, das kein Außen-
stehender versteht. In Wajima wurden keine Thunfische
versteigert, sondern nur kleinere Fische, aber Geschrei
gab es auch hier und Nummern an Mützen, und am Ende
trug den Fisch jemand anderes weg, als wer ihn hingestellt
hat. Alles war schnell vorbei. Am Rande der Markthalle,
einem schlichten Zweckbau, gab es nummerierte Fächer,
in die jeder seine Gummihandschuhe ablegte. Schließlich
standen nur noch die Fischverkäuferinnen draußen vor
der Halle, schnitten mit scharfen Messern Fische auf und
holten mit geübtem Griff das Gekröse aus dem Leib. Dann
wurde der Betonboden abgespritzt. Schon um sieben Uhr
war alles vorbei. Im Hotel gab es auf unseren besonderen
Wunsch hin Toastbrot, sorgfältig zu rindenlosen Drei-
ecken geschnitten.

Mit Rose ging ich später die Küste entlang. Es gab einen kleinen Strand und dann eine Straße, auf der nur ab und zu ein Bus fuhr. Die Dörfer an der Küste verbarrikadierten sich schon für den Winter, sie hängten Stroh über Holzgestelle und bildeten so natürliche, dichte Wände gegen die Stürme und die salzige Gischt. Es waren nicht viele Menschen zu sehen, und die wenigen hatten irgendetwas an ihren Booten zu schaffen. **Die Fischerinnen erkannten wir an ihren → weißen Kopftüchern und den Gummistiefeln. Dünn besiedelt war die Küste und rau. Ich fotografierte die Fischerinnen, und sie lächelten sich Falten in ihre Gesichter.**

Im Dorf war Markt. Wajima ist bekannt für seine Lackwaren, die gab es überall in unterschiedlichsten Preislagen zu kaufen. Die Teedosen kosteten zwischen zwölf und

Weiße Kopftücher

zweihundert Euro, je nach Qualität, aber ich sah keinen Unterschied. Rose und ich kauften ein paar billige. Die Hauptstraße hatte auch ein Café, dort wurde uns sorgfältig gefilterter Kaffee in handgetöpfertem Geschirr angeboten. Hauptsache, endlich Koffein, dachten wir, und stürzten ihn herunter, als sei er nichts Besonderes, aber wir waren ja auch aus dem Westen, bei uns existieren mehrere Kaffeekulturen nebeneinanderher, und meist ist es billige Plörre. Auf dem japanischen Land trinken die Menschen Tee, bis irgendein Verrückter meinte, er müsse handgefilterten Kaffee anbieten, immer mit diesen feinen japanischen Hario-Filtern, aromaoptimiert bis zum Alleräußersten. An der Wand hing eine Kuckucksuhr, das internationale Zeichen für Deutschland.

Vorgestern erst hatten wir in der nahen Stadt Kanazawa, die wie die meisten japanischen Städte vor allem aus abwaschbaren Klotzhäusern besteht, vor unseren abendlichen Udonnudeln gesessen, als ich sagte: Nach dem Abendessen gehe ich aufs Oktoberfest! Die Amerikaner waren skeptisch, und der Japaner war es erst recht, ich aber war fest entschlossen, mir anzuschauen, wie man in Japan Oktoberfest feiert, zumal ich das Original nicht kannte und nun behaupten kann, einmal auf dem Oktoberfest gewesen zu sein, wenn auch auf dem in Kanazawa.

Wir gingen hinüber in den von abwaschbaren Klotzhäusern umstandenen Stadtpark, denn dort waren bereits seit dem Mittag die Stände, die Bühne und das große Bierzelt aufgebaut. Aus den Boxen schallte «Skandal im Sperrbezirk» von der Spider Murphy Gang, dessen grobe Bedeutung ich den Mitreisenden zu übersetzen versuchte («That's a song about a prostitute in Munich who works in some kind of restricted area, and, well ...»), aber scheiterte. Es klang fröhlich, und Kinderlein tanzten um Bäume.

Auch die Amerikaner waren nun Feuer und Flamme und sehr begeistert von der sehr multikulturellen Idee, mit einer Deutschen auf ein japanisches Oktoberfest zu gehen. Sie fragten, welches Bier ich empfehlen könne, aber ich kannte keine der angebotenen Marken. Freundliche Mädchen in → Dirndln waren dazu abgestellt, die Speisekarte zu erklären, aber leider sprachen sie kein Englisch. Ich sagte «guten Tag» und «lecker», denn für mehr reichte mein Japanisch nicht, und man kommt damit in der Regel auch erstaunlich weit.

Dirndl

Polka

Das Oktoberfest war eine recht geordnete Angelegenheit. Familiengrüppchen und Kollegenverbände saßen zusammen und aßen in aller Öffentlichkeit Fleischbrocken mit Kraut, aus Stäbchengründen waren alle Fleischportionen etwas zerlegter, als man das aus Deutschland kennt. Man hatte auch eine deutsche Band eingeflogen, ein Trio älterer Herren in Krachledernen, die deutlich Spaß dabei hatten, ihre → **Polkas** zu spielen, während die Kleinstadtjugend vor der Bühne stand und die japanische Version eines headbangenden Moshpits aufführte. Das sah ungefähr aus wie bei uns, aber ein bisschen strukturierter. Zwischen den Reihen standen junge Menschen in Seppelhüten und offiziellen Oktoberfest-T-Shirts und animierten die Menge zu oktoberfestüblicher Schunkelei. Schilder mit leicht verständlichen Piktogrammen wiesen darauf hin, sich bitte nicht zu übergeben. Alles war ein harmloser, sauberer Spaß für die ganze Familie, und am nächsten Tag gingen wir in den Schlossgarten, der dank einer verrenteten Freiwilligenarmee ebenso sauber und geregelt war. Wir machten ein paar Bilder von Menschen zwischen geometrischem Grün.

Aber nun waren wir in Wajima, und hier gibt es keinen Stadtpark und keinen Garten und kein Oktoberfest, uns blieben nur die Fische. Am Abend ging unser Grüppchen noch ein Bier trinken. Die Wirtin einer kleinen Gaststätte im Ortskern wies uns ein eigenes Kabuff abseits des Geschehens zu, wie es in Asien als besonders fein gilt. Wir falteten unsere Beine unter den Tisch. Dann falteten wir sie rechts von uns hin, dann links von uns hin, dann wieder unter den Tisch. Dabei tranken wir Bier und knabberten die Knabbereien, die laufend auf den Tisch gestellt wurden, denn in Japan trinkt man nicht einfach nur ein Bier, man isst mindestens einen Hühnchenspieß oder eingelegtes Gemüse dazu. Dann wurde es später, und uns stand der Sinn nach etwas Volk, unter das wir uns mischen konnten. So gelangten wir in die traurige philippinische Karaoke-Bar, denn sie lag praktischerweise genau nebenan.

Eigentlich sollte die Karaoke-Bar Eintritt kosten, aber sie war sehr leer. Und so verhandelte die Bier-Wirtin mit der Karaoke-Wirtin, dass wir seltenen westlichen Vögel ausnahmsweise umsonst hineindürften, um dem Raum ein wenig Exotik zu verleihen. Die Karaoke-Wirtin war eine überschwengliche Filipina im weißen Minikleid auf Plateausohlen mit reichlich Flitter und Glitzer am Leib. Sie packte uns am Arm und verkündete auf Englisch, wie sehr sie sich freue, dass wir nun hier in ihrer Karaoke-Bar seien.

Außer uns saßen nur ein paar müde philippinische Männer in der Ecke, denen nicht nach Karaoke zumute war und auch nach sonst nicht viel, weiß der Himmel, warum sie da überhaupt saßen. Aber die Wirtin klatschte begeistert in die Hände und begann uns bekannt zu machen. Dann öffnete sie zahllose Kisten und holte alberne Perücken und lustige Hüte und Brillen hervor.

Wir dekorierten uns, was sollten wir auch tun. Dann tranken wir Bier und studierten die Liste vorrätiger Karaoke-Titel. Einer der Filipinos, ein dünner junger Mann, bat uns inständig, mit ihm «Yesterday» zu singen. Das müssten wir tun, fiel die Wirtin ein, keinen Widerspruch duldend, denn es sei sein Geburtstag. Wir gaben dem Manne also ein Bier aus und sangen für ihn: «Yesterday, all my troubles seem so far away», und er ließ den Kopf hängen und starrte finster vor sich hin. Wir hingegen waren fröhlich und hatten → lustige Hüte.

Deshalb begannen wir alsbald, uns komplizierte Lieder zu wünschen. Kate, die Stillste von uns, brüllte eine einwandfreie Beastie-Boys-Version durch den Laden, gab aber zu, zu Hause bereits heimlich geübt zu haben. Die Filipinos wünschten sich von Jeff eine Coverversion eines philippinischen Hits mit dem schönen Titel «Otso otso», dessen Text aus nicht viel mehr als der beständigen Wiederholung dieses Wortpaares bestand. Jeff stolperte sich tapfer hindurch, wir klatschten und jubelten, und die Männer nickten anerkennend. Zwischendurch riefen sie «Obama!» und «Yes we can!», dann nickten sie wieder. Leider wussten wir aus akuter politischer Uninformiertheit nicht so richtig, was wir zurückrufen konnten.

Doch Birthday Boy, wie wir ihn bald nannten, wurde minüt-

lich trauriger. Ob wir noch mal «Yesterday» mit ihm singen würden? Wir würden, und so intonierten wir mit einiger Inbrunst «Suddenly! I'm not half the man I used to be!», Birthday Boy nickte wissend in sein Bier und lehnte sich an John, den größten und breitesten von uns und momentan offenbar nächstliegender Fels in seiner tumultösen Geburtstagskrisenbrandung. «There's a shadow hanging over me», sangen wir und wie es eben so weitergeht, und für Birthday Boy sangen wir extra übertrieben melancholisch und prosteten ihm mit unseren Bieren zu und lupften die lustigen Hütchen, damit er nicht mehr so traurig guckt.

So ging der Abend dahin. Ab und zu rief noch jemand «Obama!» und «Yes we can!», und Jeff rief «Otso otso», und die Völkerverständigung war in allervollstem Gange, wenn auch auf sehr unterkomplexem Niveau. Irgendwann wollten wir gehen, aber wir durften nicht, ehe wir mit Birthday

Boy noch einmal «Yesterday» gesungen hatten. Wir sangen, und Birthday Boy weinte an Johns Schulter. John zufolge habe Birthday Boy ihn in diesem Moment noch leise um etwas anderes gebeten. «Please fuck me», solle er gesagt haben, so John, sehr diskret und höflich immerhin, aber eben halt auch weinend, und John habe ebenso höflich abgelehnt und ihn immerhin noch getröstet, wenn er da schon ungefickt an seiner Schulter heulte. Er hatte schließlich Geburtstag, mit all seinen Schatten, die da über ihm hingen, ein halber Mann, wenn man dem mitgeheulten Songtext glauben darf, mit ein paar Freunden, mit denen wenig anzufangen war, und immerhin ein paar Fremden mit komischen Hüten, die für ihn sangen. Als wir weit nach Mitternacht die Bar verließen, umarmte uns die philippinische Wirtin, als seien wir enge Freunde, die sie lange nicht gesehen hatte, und winkte uns lange nach.

Dieser Abend saß uns noch in den Knochen, als wir am frühen Morgen mit unseren Kameras am Hafen entlangliefen, zwischen den fröhlichen Fischverkäuferinnen und dem Fischgekröse auf dem Asphaltboden, das mit einem Wasserschlauch weggespritzt wurde, zwischen den sehr strukturierten Häusern Wajimas mit den getrimmten Bonsaikiefern und den Fischerinnen mit ihren Kopftüchern. Rose machte ein paar sehr unauffällige Bilder mit ihrer Rolleiflex. Wir gingen zurück ins Hotel und tranken Tee und seiften uns im Onsen ab und hielten die Drei-Schlappen-Ordnung in unserem Hotelzimmer ein, damit die Welt nicht aus den Fugen geriet.

SCHWARZENBERG,
ERZGEBIRGE

PECHBLENDE
FÜR DEN WELT-
FRIEDEN

Die aufregendste geschichtliche Epoche des Städtchens Schwarzenberg dauerte genau 42 Tage. Deutschland kapituliert, der Zweite Weltkrieg ist zu Ende, die Besatzungsmächte rücken ein, von Osten die Sowjets, von Westen die Amerikaner und irgendwo noch ein paar Franzosen und Briten, aber die sind gerade nicht so wichtig. Die alten Strukturen und Machtverhältnisse lösen sich auf, neue werden schnellstmöglich aufgebaut. Nur in einem kleinen Landkreis im Erzgebirge rund um Aue und die Kreisstadt Schwarzenberg rückt niemand ein. Das Gebiet bleibt unbesetzt, und bis heute weiß niemand, warum.

Vielleicht, so eine Theorie, verwechselten die Besatzungsmächte auf ihren Landkarten die Flüsse, denn es gibt die östliche Freiberger Mulde und die westlicher gelegene Zwickauer Mulde. Vielleicht waren sie sich unsicher, ob die westliche oder östliche Grenze des Landkreises gemeint war. Vielleicht wollten sie einen neutralen Korridor schaffen, um dort Beute abzutransportieren oder versprengte Wehrmachtsgrüppchen einzukesseln. Oder man wurde sich nicht recht einig über das Gebiet, in dessen Boden unschätzbare Werte ruhten. All das sind nur Mutmaßungen, und sie laden zu weiteren Mutmaßungen ein.

Aber von vorne. Schwarzenberg liegt im Erzgebirge nahe der tschechischen Grenze, und die Zugfahrt von Frankfurt aus mit diversen Regionalbahnen über Leipzig und Zwickau dauert ungefähr so lange wie ein Flug nach New York. Man muss wirklich hinwollen, zufällig kommt dort keiner vorbei. Vor allem nicht, seit die Glanzzeit der benachbarten Kurorte Karlsbad im Süden und Bad Schlema im Norden so vorüber ist wie die Glanzzeit der meisten anderen mitteleuropäischen Kurorte auch. Bad Schlema müht sich zwar wieder sehr, sich als Radonbad zu profilieren, aber für unsere heutigen Ohren klingt eine Berührung mit Radioaktivität schlichtweg nicht mehr ganz so heilsversprechend wie Anfang des zwanzigsten Jahrhunderts, als man für den strahlenden Teint noch Uran in Gesichtscremes mischte.

Jahrhundertelang werkelten die Menschen in Schwarzenberg denn auch ziemlich ungestört vor sich hin. Oben auf dem hohen Felsrücken steht die Stadt mit dem mittelalterlichen Jagdschloss und der barocken Sankt-Georgen-Kirche, umflossen in einer eleganten Schleife von einem Flüsschen namens Schwarzwasser, das aber entgegen seinem Namen rotbraunes Wasser führt, weil es über Granitfelsen den Fichtelberg herabspringt. Unten im Tal siedelten sich später Handwerksbetriebe an, im neunzehnten Jahrhun-

dert wurde fleißig industrialisiert, und Hammerwerke
säumten den Fluss. Viele Menschen arbeiteten auch unter
Tage, in den Tiefen des Felsgesteins, und förderten Eisen-
erz und Silber. Schwarzenberg war eine Stadt der Kleinin-
dustrie, und so ziemlich jede Kultur, die hier entstand, lässt
sich irgendwie auf den Bergbau zurückführen. Bis heute
begrüßt man sich selbstverständlich mit dem bergmänni-
schen Gruß «Glück auf!». Dieser Gruß steht eingeklöppelt
in jedem zweiten Wirtshausvorhang, gegossen auf jedem
dritten Zinnkrug und geschnitzt über der Einfamilien-
haustür. Glück auf!, das ist nicht nur der Bergmannsgruß,
das ist das Selbstverständnis einer ganzen Region.

Wer nach Schwarzenberg fährt, wird ständig damit kon-
frontiert, angeblich in der → **Perle des Erzgebirges** gelan-
det zu sein. Das mit dem Tourismus ist aber so eine Sache.

Perle des Erzgebirges

Immer nur Bustouristen, beklagt sich die freundliche Dame im mit Kaffeekannen, Kaffeemühlen, Väschen und anderem Kitsch und Plunder vollgestellten «Café Restaurant Faber», die ein ortsübliches Gericht namens Rauchemaad serviert: einen großen Kartoffelpuffer mit Zwiebeln, Speck und einer Sauciere voller saurer Sahne, damit man auch ordentlich satt wird, wenn man aus dem Stollen gekrochen kommt. Im Sommer ein wenig mehr Wandertourismus, das wünschen sich hier alle, die Luft ist ja so gut, Gebirgsklima, die Landschaft abwechslungsreich, und Wanderwege sind auch genügend vorhanden. Doch die Busse halten nur kurz, ältere Leutchen drehen eine kurze Runde durch die Innenstadt und fahren eine halbe Stunde später wieder weg. Nur im Winter bleiben sie länger, dann kommen sie alle auf einen Schlag zum Weihnachtsmarkt und kaufen erzgebirgische Volkskunst.

Das mit der Volkskunst, lernt man bei einer Stadtführung, die deutlich länger als eine halbe Stunde dauert, das kommt auch alles vom Bergbau her. Die hellen hölzernen Schwibbögen, die sich die Menschen in die Fenster stellen, sind allerdings ein Produkt der DDR. Die echten Bögen waren aus schwarzem Eisen und eine Weihnachtsgabe der Werkzeugmacher an ihre besten Kunden. Die Weihnachtspyramiden waren ursprünglich Großpyramiden, wie auch heute noch eine im Ort steht, und eigentlich umgebaute und mit Holzfigürchen dekorierte Pferdegöpel – das sind Seilwinden, an denen mit Pferdekraft die Förderkörbe in die Tiefe der Schächte gelassen und wieder heraufgeholt wurden. Aber wer hier durch die Kopfsteinpflastergassen läuft zwischen frisch renovierten, pastellbunten Häusern hindurch, treppauf, treppab über den steilen Felsrücken, der will all das gar nicht so genau wissen, der will Weihnachtswunderland und bunt bemalte Engelchen.

Und weil alles so steil und felsig ist, bekam Schwarzenberg in den letzten Jahren des Zweiten Weltkriegs und danach ein Problem: Es gab kaum Bauern, die die Gegend mit Lebensmitteln hätten versorgen können, man war immer auf Warentausch angewiesen. Aber sämtliche Eisen verarbeitenden Betriebe hatten auf Rüstungsproduktion umgestellt. Einige, das weiß man inzwischen, produzierten heimlich auch Töpfe, Pfannen und andere Alltagsgegenstände, die nach dem Krieg als Tauschware sehr begehrt waren. Und als dann nach dem Krieg einfach keiner kam, als sich weder Russe noch Amerikaner blicken ließ, um die Stadt zu regieren und zu versorgen, da blieb den Schwarzenbergern eben nichts anderes übrig, als einen Aktionsausschuss zu bilden und irgendwie dafür zu sorgen, dass niemand verhungerte.

Heute gibt es einen Lehrpfad «Freie Republik Schwarzenberg», der einmal rund um die Stadt führt. Diese Bezeichnung gab es so nie, erfunden hat ihn erst in jüngster Zeit eine lokale Künstlergruppe, die ihn auf T-Shirts druckt, auf Pässe und Passierscheine und so die Stadt als etwas anderes als nur als Perle des Erzgebirges zu vermarkten versucht. Und es ist ja auch eine reizvolle Idee, sich vorzustellen, es gäbe eine kleine Republik, ein Alternativdeutschland jenseits von Ost oder West, mit sozialistischer Prägung und voller vernünftiger Menschen, die nur das Beste für alle wollen. Eine Utopie ist das, die sich immer dann Interessengruppen zu eigen machten, wenn die Gegenwart wieder einmal verbesserungswürdig war, also eigentlich ständig. So bastelte jeder an seiner eigenen Vorstellung einer Freien Republik: der Schriftsteller Stefan Heym in seinem Roman «Schwarzenberg», die SED, die Heyms Roman vorsichtshalber keine Druckgenehmigung erteilte, weil ihnen der basisdemokratische Ansatz zu subversiv erschien, und ebendie lokale Künstlergruppe.

Am Schwarzenberger Rathaus hängt heute eine Plakette, die an den Aktionsausschuss erinnert, der einst dort einzog und den von den Nazis eingesetzten Bürgermeister aus dem Amt jagte. Vor dem Gebäude steht ein dekorativ vor sich hin rostendes Stefan-Heym-Denkmal, das Sätze aus der fiktiven Schwarzenberger Verfassung zitiert, die Freiheit als Wagnis und so weiter. Die echten Schwarzenberger kümmerten sich nicht um Verfassung und Republikgründung, eher um die grobe Aufrechterhaltung einer Ordnung und, ja, auch das, die Begleichung alter Rechnungen.

Aber es ist natürlich schmeichelhaft für eine Stadt, Möglichkeitsraum zu sein, ein Utopieort für ein besseres Leben. Denn oft ist es ja so mit den Utopien, dass sie heutige Missstände aufgreifen, die stellvertretend in einer fernen Vergangenheit, einer fernen Zukunft oder auf einer fernen Insel gelöst werden, auf jeden Fall fern unangenehmer Sachzwänge, die einen in der Realität ja immer am ganz großen Wurf hindern. Bei Stefan Heym spielt die Freiheit eine große Rolle, etwa die Reisefreiheit, und Militärparaden dienen «sowieso nur dem Geltungsbedürfnis einiger komplexbeladener Parteigrößen und waren eines ernstzunehmenden Staates unwürdig». Kein Wunder, dass die kleinliche Winkregierung mit Heyms Roman nicht einverstanden war. 1984 wurde er geschrieben, 1987 erschien er bei Fischer in Frankfurt am Main.

Auch wenn die Geschehnisse des Buches reichlich fiktional überhöht waren, die meisten der erwähnten Orte gibt es wirklich. Das Naturtheater etwa, eine unauffällige Spielstätte gleich unterhalb der monströsen Nazi-Thingstätte für zigtausend Besucher, die heute «Waldbühne» heißt. Ein ebener Platz ist das Naturtheater, von baumbewachsenen Felsen umstanden, auf dem sich im Roman die letzten Nazi-Getreuen versteckten, um vom Aktionsausschuss mit Maschinengewehrfeuer aus den Büschen geballert zu werden. Heute findet hier ein linksalternatives Festival statt: Auf der Bühne stimmt eine französische Punkband ihre Instrumente, junge Menschen mit bunten Haaren essen Sojagulasch, eine Fotoausstellung informiert über Flüchtlingsschicksale. Es gibt, stellt man erfreut fest, ja doch Menschen unter dreißig in diesem pastellbunten Puppenstubenstädtchen, und anscheinend sind sie sogar politisch aktiv.

Was nach den 42 unbesetzten Tagen im Landkreis Schwarzenberg geschah, ist rasch erzählt, auch wenn es lange nicht erzählt werden durfte, denn die sowjetischen Besatzer machten ein großes Geheimnis darum. Wer es wissen will, kann zum Beispiel Herrn Fischer fragen. Der führt Besucher durch das Bergwerk von Pöhla, das heute ein Stadtteil von Schwarzenberg ist. «Siebzehn Jahre Uranbergbau, letzter Überlebender meiner Truppe», sagt Herr

Fischer. Dann führt er uns eine Treppe hinab, an einem Regal hängen die Seilmarken, die anzeigen, wo jeder Bergmann gerade arbeitet. Dann steigen wir in das Bähnchen. Die Waggons sehen ein bisschen aus wie eine Kindereisenbahn in einem Vergnügungspark, man duckt sich in die engen Wagen auf die kleinen Bänke, und los geht's, klappernd und ruckelnd. Drei Kilometer in den Berg hinein mindestens, ganz waagerecht, und das Gebirgsmassiv über einem türmt sich immer höher. Wir fahren in den → **Fichtelberg**, mit 1214 Metern der höchste Berg Ostdeutschlands und voller Erze.

Bis zur Wende baute hier die Wismut ab, das staatliche, von den sowjetischen Besatzern gegründete Bergbauunternehmen und lange Zeit drittgrößter Uranproduzent der Welt. Denn im Erzgebirge gibt es nicht nur Eisen, Silber und

Fichtelberg

114

Zinn, es gibt auch die sogenannte Pechblende, wie Bergleute früherer Tage die pechschwarze, glatte, silbrig glänzende Materie nannten. Uranerz ist das, und das lag hier in rauen Mengen. Genau daran hatten die sowjetischen Besatzer gesteigertes Interesse, nachdem die amerikanischen Atombomben in Japan gezeigt hatten, wie effektiv sie Städte und Menschen zerstören konnten. Die Sowjetunion wollte auch Atommacht werden, und das Erzgebirge mit seinen Bodenschätzen ermöglichte es ihr innerhalb weniger Jahre.

Unter welchen Bedingungen abgebaut wurde, das spielte keine Rolle. Zu Tausenden wurden Flüchtlinge und Kriegsgefangene, aber auch Bergmänner aus der Gegend in die Minen geschickt. Die Arbeiter starben an der Schneeberger Krankheit, einem durch radioaktiven Staub verursachten Lungenkrebs, auch an Silikose, wenn sie nicht einem Arbeitsunfall zum Opfer fielen. Oder sich mit «Kumpeltod» ins Grab soffen, dem gefürchteten Branntwein, der jedem Wismut-Arbeiter ebenso zustand wie Lebensmittelmarken, der Einkauf in speziellen, bestens ausgestatteten Läden und die Versorgung mit allen Schätzen der DDR inklusive Trabant ohne Wartezeit. «Ich wusste, was eine Banane ist», sagt unser Bergwerkführer Herr Fischer. Das Leben bei der Wismut war über Tage angenehm luxuriös, unter Tage hingegen hart, gefährlich und insgesamt eher kurz. Herr Fischer ist nach eigenen Angaben dreiundsechzig Jahre alt, geht aber locker als zehn Jahre älter durch.

All das sind Dinge, über die man in der DDR nicht redete, und später auch nicht so gern. Nicht darüber, was genau

Gefahren unter Tage

eigentlich abgebaut und wofür es verwendet wurde, nicht
über die → **Gefahren unter Tage**, nicht über das unsichtbare, geruchslose Radongas, das einen verstrahlt, und
nicht über die Ausdünstungen des Sprengmittels, die einem das Herz platzen lassen, wenn man sie tief genug
einatmet; nicht über die Fördertürme und die riesigen,
radioaktiv belasteten Abraumhalden aus schwarzem Ge-
stein, die bald die gesamte Landschaft zwischen Aue und
Johanngeorgenstadt prägten. Der war eben bei der Wismut, sagte man über jeden, der mit fünfzig oder sechzig
krepierte, und alle wussten, was gemeint war.

Heute ist die Wismut das weltgrößte Sanierungsunterneh-
men, das vor allem damit beschäftigt ist, die Schäden zu
beseitigen, die es über viele Jahrzehnte hinweg angerichtet
hat – im Namen des Friedens, selbstredend, denn nur wenn

beide Großmächte genug Atomwaffen haben, kann auf der Welt Waffenstillstand herrschen. So glaubte man. Und so wurde der kleine Landkreis Schwarzenberg, der 42 kurze Tage eine neutrale Zone war, zwar keine Freie Republik, aber dennoch unendlich wichtig für die ganz große Weltpolitik.

Der Uranbergbau der Wismut steht zwar still, im Bergwerk Pöhla seit dem 28. Juni 1991. Kurz nach der Wende kündigte die Sowjetunion unter Gorbatschow sämtliche Lieferverträge, damit war der größte Kunde weg. Bald, sagt Herr Fischer, gehe es hier aber wieder los mit dem Bergbau. Man habe seltene Erden gefunden, und die sind, wie der Name schon sagt, extrem selten, aber wichtig für die Elektronik. Indium zum Beispiel, das in Flachbildschirmen und Touchscreens eingesetzt wird.
Diesmal bauen nicht die Russen ab, sondern die Australier, es gibt keine verseuchten Schlackenhalden mehr, und das Unternehmen bringt seine eigenen Leute mit. Denn Bergbau hat hier von den Jungen keiner mehr gelernt, es gibt keine Hauer und keine Steiger mehr, diese Zeiten sind in Schwarzenberg vorbei. Und um den Weltfrieden geht es diesmal auch nicht, nur darum, dass es genug Rohstoffe gibt, um die gesamte Welt mit Smartphones zu versorgen. Für eine Utopie reicht das nicht ganz. Aber wo gibt es heute schon noch Utopien?

MIT HÄUBCHEN UND TÄUBCHEN

Geräuschvoll zerre ich meinen Rollkoffer die steinernen Stufen der Burgtreppe hoch und rumple über die Platten einer kleinen Galerie, der der Gestaltungswille der Renaissance ein paar wenig spektakuläre Fresken verpasst hat. Im Rittersaal wartet Tine auf mich, die in der Burgküche das Feuer hütet und mir mein Bett und die Holztruhe zeigt, die mir als Schrank dienen wird.

«Und wo ist die Dusche?», frage ich.

«Wir werden übermorgen mal den Zuber anheizen», sagt Tine.

Keine Dusche. Und kein warmes Wasser, keine Spülmaschine, kein Radio. Das Mobiltelefon hat nur dann Empfang, wenn der Wind günstig steht, und dient ansonsten mit seiner Kamera als Taschenspiegel. Immerhin gibt es eine Toilette, sogar mit Toilettenpapier, und meine Unterwäsche darf ich auch behalten. Allerdings finde ich eine

Leihgewandung auf meinem Bett. Ich befürchte kratzige, unförmige Nesselsäcke, aber es ist ein leinenes Untergewand mit dunkelrotem Überkleid. Und ein weißes Häubchen, das ich mir sogleich über die Frisur stülpe. Vor einer Stunde bin ich am Flughafen von Linz angekommen, jetzt bin ich im Mittelalter. Wir sind aus der Stadt herausgefahren, durch Kreisel und an Autohäusern und mittelständischen Bauunternehmen vorbei, dann wurde es dörflicher. Vieh graste auf Butterblumenweiden, und hinten am Horizont sah man die erste Alpenkette. Oben auf einem Hügel stand die Burg, wie es sich für eine ordentliche Verteidigungsanlage gehört. Und da stehe ich nun leicht unschlüssig, gewandet, mit Häubchen.

Die Sehnsucht nach vergangenen Zeiten ist kein Phänomen der Gegenwart, bereits in den letzten Jahrhunderten begeisterten sich schwärmerische Zeitgenossen abwechselnd für Antike, Mittelalter und Renaissance, lobten edle Einfalt und stille Größe sowie die vermeintlich verlorengegangene Einfachheit vergangener Zeitalter, fanden sie konserviert bei «edlen Wilden», den Naturvölkern in entfernteren Winkeln abseits der westlichen Zivilisation. Einige wollten nur spielen, nämlich die, die es sich leisten konnten. Sie kleideten sich in Schäfergewänder oder bauten Burgen in ihre Landschaftsgärten, mittelalterlicher, als es sie im Mittelalter je gab. Andere stiegen konsequenter aus der Zivilisation aus und gingen in den Wald, sei er heimisch oder fern. Meine Gewandung und mein Häubchen und ich, wir stehen in großer Tradition. So sitze ich jetzt auf dem Bett und gewöhne mir die Gegenwart ab. Und frage mich, was es braucht, um ihr zu entkommen. Reicht eine Kulisse, eine Verkleidung? Reichen drei Tage? Löst es etwas in mir aus und, wenn ja, was?

Das Erste, das etwas in mir auslöst, ist die Temperatur. Draußen sind es knappe sechzehn Grad, hinter den dicken Mauern eher weniger, also bleibt nur eins: Bewegung. Röcke raffen, die steile Burgstiege bewältigen, ohne zu stolpern, Holz holen, das Feuer auf Kochtemperatur bringen und Gemüse schneiden und Eintopf kochen und den Wein warm machen. Dann rotten wir uns am Feuer zusammen, trinken Wein und Bier und essen Eintopf. Sehr bald schon treiben uns die Kälte, die Müdigkeit und auch der Wein ins Bett, und ich ringele mich auf meiner klumpigen Strohmatratze zusammen, die sich, liegt man erst einmal darauf, als überraschend warm und bequem erweist.

Der Schauplatz meiner Gegenwartsflucht heißt Burg Piberstein, steht im österreichischen Mühlviertel an der tschechischen Grenze und überblickt den Nordwald, damit keine wilden Böhmen auf die Idee kommen, in Österreich einzufallen. In Österreich begann man im vierzehnten Jahrhundert, die waldbedeckten Hügel zu roden und sie in landwirtschaftlich genutzte, besiedelte Hügel umzuwandeln. Es gab hier einiges zu holen, und das wollte verteidigt sein. Man baute eine ganze Reihe schmuckloser, unkomfortabler und sehr zugiger Burgen an die Grenze, in denen man nicht besonders bequem wohnte, aber darauf kam es nicht an. Romantische Burgfräuleinphantasien sind hier völlig unangebracht, keine Minne nirgends und keine Lauten zupfenden Schöngeister, hier ging es um die Landesverteidigung.

Hirsebrei

Und unseren Gastgebern geht es darum, einen Alltag zu zeigen, der so ganz anders war als das, womit wir heute unsere Zeit zubringen. Der Hahn kräht, wie Hähne das so tun, unangebracht früh. Kein mittelalterlicher Europäer hat sich in die Neue Welt bequemt, also gibt es keinen Kaffee. Und alles andere auch erst später, denn die Tiere gehen vor. Hühner und Gänse bekommen ihre Körner, der Hahn bekommt einen bösen Blick, der Ziegenbock sein Heu, das Geschirr vom Abend will gereinigt sein, das Holz gehackt (schon wieder) und das Feuer zum Brennen gebracht, damit der Brei gekocht werden kann.

Es gibt nämlich → **Hirsebrei**, jeden Morgen Hirsebrei. Fast wie in dem Märchen von den Brüdern Grimm, das «Der süße Brei» heißt und von einem Kind und seinem magischen Topf handelt, der so lange süßen Brei kocht, bis man befiehlt: Töpfchen, steh! Wer an einem kaffeefreien, frühen, kalten Morgen in einer zugigen Burg sitzt und Hähne verflucht, kann nachvollziehen, wie wunderbar magenfüllend warm ein süßer Brei sein kann und dass es ein armes Kind im Märchen glücklich macht, einen magischen Breikochtopf zu besitzen. Auch wenn die Grimm'schen Märchen nun wieder kein Mittelalter sind, sondern eine Fiktion, die wir den Fahndungsversuchen historisch forschender Gelehrter des neunzehnten Jahrhunderts zu verdanken haben, die sich selbst gerne in mittelalterlicher Gewandung zeigten. Den Herrschaften dieser Zeit war es, im Unterschied zu uns, allerdings sehr ernst und politisch damit, denn in dieser Epoche vermuteten sie nichts weniger als die Keimzelle der deutschen, wahlweise auch der französischen oder englischen Nation. Ihr Mittelalter hatte ein Programm, es hatte Modellcharakter für die Zukunft und einen neu zu gründenden Staat.

Wir hingegen haben keine politischen Ambitionen und Staatsgründungspläne. Wir haben auch kein Zaubertöpfchen, wir müssen Holz schleppen und im Kessel rühren und rühren, damit nichts anbrennt. Und damit es Holz gibt, müssen wir an diesem Vormittag Bäume fällen und Stämme sägen und ein schlecht erzogenes Pferd namens Flora, das sich mehr für frische Buchenschösslinge interessiert als für seine Arbeit, dazu bewegen, die Stämme zur Burg zu bringen. Es sind → viele kleine Dinge, die man tun muss, um zu überleben, und es sind immer dieselben Dinge, Jeden Tag aufs Neue. Dinge, die wir nicht mehr kennen, weil wir Stadtkinder sind und nach 1950 geboren, und die uns aufregend erscheinen und neu. Aber bald muss uns keiner mehr sagen, was am Morgen, am Mittag, am Abend zu

Viele kleine Dinge

erledigen ist, wir schauen von selbst nach, ob die Tiere zu fressen haben, ob das Feuer brennt, ob Holz in der Küche liegt. Gehörten diese Tätigkeiten tatsächlich zu unserem Alltag, würden sie uns vermutlich bald lästig.

Am Mittag kommt Cordula vorbei und backt mit uns Brot, was ziemlich profan klingt. Doch ein richtiges Roggensauerteigbrot ohne Hefe herzustellen ist eine Wissenschaft für sich, denn man braucht dazu eine Bakterienkultur, die üblicherweise in Kühlschränken oder kalten Kellern vor sich hin schläft und erst einmal aufgeweckt werden muss. Dann wird sie in einem stundenlangen, dreistufigen Prozess mit Mehl und Wasser zu einem Sauerteig angefüttert, der wiederum mit Mehl zu einer klebrigen Masse verknetet wird, die ruht, noch mal gewalkt wird, ein paar Stunden in einem Körbchen gärt und schließlich in einem Lehmofen

124

mit wiederum abfallender Temperatur wundersamerweise doch noch zu einem Brotlaib wird, wenn man schon nicht mehr damit gerechnet hätte. Viel Arbeit ist das eigentlich nicht, man braucht nur gutes Timing, um die Fütterungszeiten des Teiges einzuhalten – vierundzwanzig Stunden insgesamt bis zum fertigen Brot. Und stabile Temperaturen braucht man auch, denn die Sauerteigkultur ist ein zickiges Wesen. Heute ist es zum Glück warm, da gärt der Teig freudig vor sich hin und quillt auf, dass er bis an den Rand des Körbchens reicht.

So geht Brotbacken, und zwar seit Hunderten von Jahren, bis heute. Oder eigentlich nicht mehr, denn chemische Fertiglösungen haben das Natursauerteigbrot weitgehend aus den Schnellbäckereitheken verdrängt. Mit der Folge, dass das heutige Brot weniger kräftig schmeckt und schneller austrocknet oder gammelt. Dafür macht es dem Bäcker weniger Arbeit. Frisches Roggensauerteigbrot ist ein echter Grund, zum Fortschrittspessimisten zu werden. Und sich zwischen lauter Manufactumgedanken zu schwören, nur noch auf dem Markt zu kaufen.

Ansonsten wird gegessen, was da ist. Zum Beispiel Brennnesselsuppe, denn der Rohstoff wächst überall um die Burg herum. Oder das, was gerade reif ist. Oder das, was sich lagern lässt. Und dann ist da noch die Fleischfrage, denn vor siebenhundert Jahren gab es keine Metzgertheken. Wir müssen also als Spitze der Nahrungspyramide tätig werden und uns die Kreatur untertan machen. Sprich: töten. Entweder schneidet jemand jetzt diesen Tauben den Kopf ab, oder es gibt heute Abend wieder nur Linsen mit Räucherspeck von angenehm anonymen Schweinen.

Und dann liegen diese Täubchen nach kurzem Gezappel ohne Kopf übereinandergestapelt in einer Pfanne, der blutige Schlund ragt aus der Hautmanschette heraus. Jetzt müssen sie gerupft werden. Ich fasse in den Korb und zucke erst einmal zurück, die Körper sind noch so warm. Es kostet einiges an Überwindung, sich so einen Kadaver zu packen, wie er manchmal auch vergammelnd auf Bürgersteigen herumliegt, wo man ihn ja auch nicht anfassen will. Und dieser kleinen, weißbraunen Leiche die Federn zu entfernen. Es knirscht, wenn man die Kiele aus der Haut rupft. Zu brutal darf man nicht vorgehen, sonst reißt die zarte, rosa Täubchenhaut. Die krallenbewehrten Füße ragen einem entgegen, und aus dem After rinnt etwas grüner Kot, der tropft mir auf die Schürze. Alle Federn müssen weg, bis auf die äußersten Schwungfedern an den Flügelspitzen, die werden abgeschnitten, die Füße auch. Dann bekommt das schon ziemlich verstümmelte Täubchen einen breiten Messerschnitt in den Hintern, die Innereien werden mit zwei Fingern herausgeholt und ebenso der Kropf mitsamt Inhalt.

Was dann in der → Blechschüssel liegt, das ist schon mehr Lebensmittel als Tier, das ist kalt und nackt und könnte in einer Metzgerei hängen. Es macht mir nichts aus, die Füllung in den Hintern zu stopfen. Und wie ich wieder in den Korb greife und den nächsten blutwarmen Kadaver packe, ist es nur noch halb so schlimm. Am Ende bin ich stolz, dass ich mich überwunden habe. Genau wie die, die ihren ersten Baum gefällt haben oder einen Hocker aus Holz gebaut. Vielleicht muss man ab und zu erfahren, wie es sich anfühlt, Aufgaben zu bewältigen, für die es keinen digitalen Workaround gibt.

Blechschüssel

Erstaunlich schnell gewöhnen wir uns an unser neues Leben ohne Elektrizität. Wir sind viel draußen, da ist es warm, und die Luft ist frei von Ruß und Qualm. Keine Telefone, keine Autos gibt es hier oben, dafür Zeit zum Herumsitzen und zum Reden. Oder auf den Bergfried zu klettern und der Sonne nachzuschauen, die hinter den Hügeln untergeht. Es gibt keine Spiegel, es ist egal, wie wir aussehen. Es gibt keinen Föhn, aber niemand sieht unsere strähnigen Haare, das weiße Häubchen verdeckt alles. Vielleicht riechen wir ein bisschen herb, vielleicht hat unser Unterkleid längst Dreckränder, aber auch das ist egal, davon stirbt man nicht. Ich habe nicht mehr das Bedürfnis, meine Hände fünfmal am Tag einzucremen. Es gibt Kerzen, aber ich lese abends nichts, ich falle auf meinen Strohsack und in tiefen Schlaf, so lange, wie der Hahn es zulässt.

Einmal sitzen wir draußen vor der warmen Burgmauer und tun irgendetwas, was getan werden muss, da kommen zwei bunte insektoide Wesen auf die Burg zugerollt. Ihre schmalen Leiber mit den Radextremitäten vorn und hinten schillern rot und gelb, ihre Augen sind riesig und irisierend, und ihre Köpfe haben metallisch glänzende Wülste. Sie staunen uns an, und wir staunen sie an. Anscheinend sprechen sie unsere Sprache, denn sie fragen uns, was wir hier tun. Wir machen eine Zeitreise, sagen wir, aber es kommt uns falsch vor. Eigentlich ist es so, als seien wir hier richtig und die insektoiden Wesen seien auf fliegenden Schiffen vom Mond oder von der sagenhaften Terra Australis hergereist.

Im Nachhinein hätte ich nicht mehr sicher sagen können, ob ihre Wulstköpfe nicht auch Antennen hatten und ihre Leiber nicht vier Arme. Wäre ich im fünfzehnten Jahrhundert geboren und zufällig Verfasserin einer Weltchronik, ich hätte sie genau so in Holz geschnitten. Die Fabelwesen schauen sich mit ihren Glanzaugen an und nicken mit den riesigen Köpfen, dann rollen sie auf ihren zwei schmalen Radgliedmaßen davon.

Es ist nicht so, dass ich nichts vermisse. Ich vermisse zum Beispiel die Dusche, aber dafür gibt es den versprochenen Zuber. Diese große Menge warmen Wassers dort draußen auf der Wiese vor der Burgmauer, wo lange noch die Abendsonne hinscheint, dazu ein Bierhumpen auf der Ablage, das ist ein erstaunlicher Luxus.
Und noch etwas vermisse ich. Die dauernde Stille, unterbrochen nur von Vogelgesang, Hühnergegacker und dem

Gemecker des Ziegenbocks, wird mir im Wortsinne sehr eintönig. Dass die Brotbäckerin Cordula und ihr Mann Max Lauten und Flöten und andere Instrumente, deren Namen ich noch nie gehört habe, auspacken und uns etwas vorsingen, kommt mir gerade recht. Das Bedürfnis nach Musik ist etwas, was man erst dann spürt, wenn die allgegenwärtige Zwangsberieselung in Geschäften und aus den Lautsprechern der Mobiltelefone fehlt, dann aber umso stärker.

Am letzten Tag müssen wir unsere Gewänder abgeben, sie sind ja nur geliehen. Aus uns Mägden mit den weißen Häubchen werden wieder ganz normale Frauen mit strähnigen Frisuren. Ich fühle mich unangenehm unscheinbar in meiner bequemen Reisekleidung. Dann geht es durch die Mühlviertelhügel wieder zurück in die Stadt, durch die Kreisel und an den Autohäusern vorbei zum Flughafen von Linz. Schön ist die Gegenwart nicht. Das Kunstleder der Sitzbänke im Flughafencafé altert unschön, der Eistee schmeckt synthetisch, die Kübelpflanzen haben etwas Ungepflegtes an sich, und alle Menschen tragen hässliche Schuhe aus Plastik. Auf dem Rollfeld steht schon unsere Maschine. Am Gate gibt es Internet, und ich bekomme sogleich fünfzig Mails und eine Facebook-Nachricht auf mein Mobiltelefon. Wäre ich im fünfzehnten Jahrhundert geboren und zufällig Verfasserin einer Weltchronik, ich hätte mir die Zukunft nicht so gedacht. Ich hätte sie nicht einmal verstanden. Ich wäre mit zwei Radfahrern schon überfordert. Aber unsere Gegenwart ist ja auch mit der Herstellung eines anständigen Brotes überfordert.

In meinem Koffer befindet sich nun ein fest zugeschraub-
tes Marmeladenglas, darin eine Sauerteigkultur. Denn wir
Zeitgenossen des einundzwanzigsten Jahrhunderts haben
die Wahl, wir können uns das Beste aus allen Epochen
aussuchen: Dusche und Föhn, Metzgertheke und Sauer-
teigbrot, Strohmatratzen, wenn wir es wollen, und hin und
wieder einen Zuber mit warmem Wasser und einer Aussicht ins Tal. Die Gegenwart mag ästhetisch fragwürdig
sein, aber ich bin hier an diesem sturzhässlichen Linzer
Flughafen gerade rundum mit ihr versöhnt. Sie bietet alles, auch Fluchtmöglichkeiten. Wir laufen über das Rollfeld des kleinen Flughafens, in fünfzig Minuten werde ich
in Frankfurt sein.

WENN DIE TROPEN TRAUER TRAGEN

Der Zug hält im brandenburgischen Nirgendwo. Rechts Wald. Links ein Stück Wiese, drauf ein verfallenes Ziegelhaus, dann Wald. Nichts deutet darauf hin, dass nur wenige Kilometer vom Bahnhof Brand (Niederlausitz) entfernt Deutschlands elftbeliebteste Sehenswürdigkeit zu finden ist. Der Shuttlebus mit großflächigem Palmendruck und Papageien-Sitzmuster groovt uns ein. In Endlosschleife läuft das Werbevideo, das glückliche Werbepaare dabei zeigt, wie sie Werbepaardinge tun: wildromantisch Gitarre spielen, sich mit bunten Glitzerpalmencocktails zuprosten und mit erhobenen Händen Wasserrutsche rutschen. Hui! Dabei läuft das Spaßbad-Werbelied in Dauerschleife: «If you wanna relax, if you wanna just let me be – Tropical Islands», säuselt es uns an. Teresa, meine jugendliche Begleiterin, säuselt mit, denn sie hat das Video schon ungefähr fünfmal gesehen, weil sie nicht glauben konnte, was sie sah.

«Ich muss aba noch 'n Momentsche warten, die Putzfrau
steicht noch zu», sagt der Busfahrer. Die kommt nämlich mit dem Gegenzug, sonst kommt niemand, und wir
nehmen kurz darauf mitsamt Putzfrau Kurs auf die Tro-
pical-Islands-Allee 1 in besagtem Brand (Niederlausitz).
Gerade als wir denken, da kommt nichts mehr außer
Wölfen, erhebt sich die riesige, bunt beleuchtete Keller-
assel aus der Prärie. Hier wollte mal ein Unternehmen
Lastzeppeline bauen. Cargolifter nannte man sich – und
steuerte millionensubventioniert in die Pleite. Nun steu-
ert hier, in der weltweit größten freitragenden Halle, ein
malaysischer Gemischtwarenkonzern mit einem Indoor-
Urlaubsparadies millionensubventioniert auf ansatzweise
schwarze Zahlen zu.

Am Eingang ist alles ganz profan. Glastüren, Beton, ein
Check-in mit dem Charme einer Baumarktkasse. An den
Bezahlautomaten vorbei geht es zu unseren Zimmern. Wir
sind im ➔ Piratendorf untergebracht, genau das Richtige
für alle, denen die Piratenvolkstümlichkeit der echten
Karibik schon immer viel zu authentisch vorkam. Im
Piratendorf gibt es einen fahl leuchtenden Getränkeau-
tomaten, Kofferkulis und ziemlich viel Patinasimulation.
Unser Balkon hat sogar Zinnen, wir klopfen dagegen, sie
klingen hohl. Der Blick geht hinaus über ein paar Dächer,
ein riesiges Transparent, das für einen Radiosender wirbt,
und ein bisschen Baustelle, denn im Paradies wird gebaut.
Das Paradies braucht neue Übernachtungsmöglichkeiten,
damit das Paradies profitabler wird.

Wir entschließen uns zu einem Abendspaziergang. Durch
den Dschungel führt ein breiter, gepflasterter Weg zur

Piratendorf

Südsee, dem großen Badeareal mit dem Wolkenhorizont. Der sorgt dafür, dass man sich noch mehr fühlt wie in der Truman Show als ohnehin schon. Abends leuchten die → **Wolken** violett, und am Rande hängen sie etwas faltig herum. Auf den Liegen haben sich ein paar Schläfer unter ihren Handtüchern häuslich eingerichtet und schnarchen leise vor sich hin, so spart man hier Zimmerkosten. Die Bar verkauft Cocktails und Bier in Plastikbechern. Leise schwappt Wasser. Wir schleichen uns wieder in unser Zimmer.

Das Frühstück gibt es im Thai-Haus, im Restaurant mit dem hübsch-sinnlosen Namen Jabarimba. Frühstücks-buffet mit Masse satt, süßer Konzentratsaft, Dosenobst und Volleiomelett aus dem Tetrapak. Man schaufelt sich drauf. Ein Schwarm Zebrafinken pickt die Krümel unterm Tisch weg, wir sind begeistert: endlich ein Stück Natur.

Wolken

Gut, was kann man hier also unternehmen? Wir saugen
schlumpfblauen Slushie aus der Plastikananas und schauen
uns um. Man kann am Shopping-Boulevard seltsame Dinge
einkaufen. Schlumpfblauen Slushie samt Plastikananas,
Plüschtiere, Strandbekleidung, Bücher. Da steht interes-
santerweise auch «Das Tagebuch der Anne Frank». Man
kann sich ein Airbrush-Tattoo machen lassen, aber Ach-
tung, da steht man immer Schlange, denn das will fast jeder.
Es gibt einen Kosmetikladen und haufenweise Süßkram,
Postkarten, Kaffeebecher von erlesener Scheußlichkeit,
rosa Plastikflamingos, fast alles mit Glitzer. Die Begleiterin
kauft sich eine hauseigene Einwegkamera, so etwas gibt es
noch, sogar mit Palmen drauf. Bezahlt wird alles mit dem
Chip, den man uns ums Handgelenk geschnallt hat und
den wir immer tragen, denn er ist gleichzeitig der Schlüssel
für alles Mögliche.

Tropen

Hinter dem irgendwie karibischen Shopping-Boulevard treten wir durchs Bali-Tor, da ist der Bali-Pavillon mit dem Asian Wok House. Es wird sich als der heimliche Renner der örtlichen Kulinarik entpuppen. Gleich hinter Bali liegt Thailand mit dem Jabarimba, was irgendwie vage afrikanisch klingt, gegenüber das Borneo-Langhaus (südostasiatisch), dahinter die Wayang-Bühne (javanesisch), die Samoa-Lodge (polynesisch) und die Sambesi-Bar (afrikanisch). Irgendwann gibt man es auf, die → Tropen, die hier simuliert werden, lokalisieren und verstehen zu wollen. Man nimmt sie einfach hin als «Länder, die irgendwie heiß sind», und gibt seinen kulturellen Anspruch auf, der ist ohnehin nur lästig.

Auch der Anspruch, ansatzweise etwas lernen zu wollen, hält keine anderthalb Stunden. Nichts ist mit lästigen Schildern beschriftet, kein Pflänzchen des immerhin größten Indoor-Dschungels der Welt sagt, wie es heißt, und die Vitrine mit den Dschungeltieren wartet nur mit allerknappsten Erklärungen auf. Das Volk soll konsumieren und nicht über irgendetwas nachdenken. Nicht einmal darüber, wie dieser Baum da heißt. Der Baum ist Dekoration, genau wie die Bauten und die Rumfässer in unserem Playmobil-Piratendorf. Auch die Flamingos, die die angenehme Eigenschaft haben, als Rudel immer dort zu bleiben, wo man sie hinstellt, sind nicht mehr als Selfie-Kulisse. Die renitentesten Lebewesen hier sind die Schildkröten, die immer wieder ausreißen, um ihre Eier am Truman-Show-Strand zu vergraben. Man fängt sie regelmäßig wieder ein.

Die beliebtesten Orte sind, der Menschendichte nach zu schließen, die Lagune und die Südsee. Die Menschen liegen dort dicht an dicht auf Ice-Age-Handtüchern und Yoda-Handtüchern und Angry-Bird-Handtüchern. Man sollte nämlich unbedingt eigene Handtücher mitbringen, sonst kostet es, und Kaution noch obendrauf. Eigentlich sollte man so viel wie möglich mitbringen, so schnell, wie man hier das Geld loswird. Die Plastikananas ist allerdings eine gute Investition, denn damit bekommt man die Getränke etwas günstiger, nicht nur Schlumpfslushie. Die meisten hier sehen allerdings aus, als seien sie fest entschlossen, sich darüber keine Gedanken machen zu wollen.

Der ideale Tropical-Islands-Besucher liegt offenbar gerne herum, am liebsten paarweise oder im Familienverband auf Liegen oder Liegestühlen. Manchmal geht er rutschen, wofür er sich bereitwillig in längliche Schlangen stellt, oder lässt sich im seichten Wasser treiben. Er gibt Geld dafür aus, Minigolf auf einem winzigen, dschungelstilistisch dekorierten Parcours zu spielen. Wer Aufschlag bezahlt, kann auch die Saunalandschaft besuchen (Bademantel mitbringen!). Meistens aber liegt er herum und überlässt Spiel, Spaß und Spannung seinen Kindern. Das sind die Besucher, die wir gut verstehen können, denn das Kinderparadies ist wirklich riesig. Da hätten wir auch Spaß gehabt, ach was, da hätten wir immer noch Spaß!

Viele Besucher aber sind jung, kommen mit Partner und spielen allen Ernstes miteinander → **Minigolf. Minigolf!** Da haben wir Identifikationsprobleme, denn die sind doch jung, denen steht doch die Welt offen, denken wir. Die haben offensichtlich keine finanziellen Beschränkungen und auch sonst nichts, was sie zurückhält. Warum lassen die sich in eine Halle sperren und klickern Bälle in Löcher? Haben die gar keine Ambitionen, überhaupt keine Träume mehr? Bei meinen Freunden, sagt meine jugendliche Be-

Minigolf

gleitung, ist Tropical Islands aber auch ganz hip. Also bei denen, die, jetzt wird sie etwas vorsichtig, weniger Wert auf Bildung legen. Also bei so RTL-Guckern.

Normalerweise funktioniert Urlaub doch so: Man nimmt einen schönen Ort mit halbwegs stabilem Wetter und stattet ihn mit einer Erholungsinfrastruktur aus. Man baut Restaurants und Hotels, man stellt Liegestühle und Sonnenschirme auf. Tropical Islands ist da deutlich reduktionistischer. Es verzichtet auf den schönen Ort und stellt einfach Infrastruktur in eine Halle. Es gibt weder Wetter noch Landschaft, und alles, was es gibt, dient einzig dem Vergnügen einer derart erholungsbedürftigen Klientel, dass denen alles wurscht ist, Hauptsache, Liege und Wasser und ein paar Palmen.
Das Bemerkenswerteste ist, wie schnell empfindsame Gemüter wie uns die Klaustrophobie überkommt. Es gibt keinen Ort, an dem man ansatzweise unbeobachtet ist. Deshalb kehren wir alle zwei Stunden in unser Piratenzimmer zurück, legen uns aufs Bett und kontemplieren den Wahnsinn, dessen wir gerade ansichtig wurden. Wir schließen die Augen, riechen das Chlor, hören dem Spaßbadgedröhne zu, das unter der Kuppel herumechot. Wenn wir Pech haben, ist gerade irgendein Animationsprogramm in der Südsee, und es schallt Ibizastampfmucke durch die Halle. Kein Ton entweicht nach draußen, aller Lärm konzentriert sich hier und frisst an unseren Nerven. Nicht einmal in der Sauna ist Ruhe, selbst dort panflötet einem Eso-Gedudel mit Entspannungsabsicht ins Ohr. Ich war selten so nahe am Amoklauf.
Wem das nicht reicht an Amüsement, der schaut sich noch

die Abendshow an. Sie heißt «Fantasia Tropical». Akrobaten und Tänzerinnen aus Kuba und Kolumbien geben sich rechtschaffen Mühe, die gelangweilt vor sich hin starrenden Menschen aufzuheitern. Sie scheitern auf ganzer Linie. Wenigstens die Kinder lachen ein bisschen, als eine der Tänzerinnen sie an der Hand nimmt und wild mit ihnen herumwackelt. Ich schaue mir die Eltern der Kinder an und bekomme sehr düstere, zivilisationskritische Gedanken. Dann werfe ich der Showtruppe aufmunternde Blicke zu. Sie tun mir so leid. Was müssen sie denken von diesem seltsamen Land? Aber ich weiß ja selbst nicht mehr, was ich von alldem denken soll.

Draußen, also richtig draußen, ist gerade ausnehmend schönes Wetter, eigentlich sollten alle an irgendwelchen echten Seen in echter Natur sein. Der Spreewald ist ja nicht weit. Aber es gibt anscheinend einen Haufen Leute, die Instant-Natur der echten vorziehen. Wir wären, ehrlich gesagt, jetzt lieber am See. Da riecht die Luft nach warmem Gras, und man hört Vögel. Wir sehnen uns sehr nach Gras und Vögeln und würden auch Ameisen in Kauf nehmen und Kinderpipi im Wasser. Egal.

Hinter der Riesenrutsche ist der → Notausgang. Wir beobachten ein Paar in Badebekleidung, das Hand in Hand vor der Glasscheibe steht und nach draußen schaut. Am Horizont ist Wald, davor ist nichts. Erdhügel türmen sich auf, rot-weiße Bänder flattern, hier wird gebaut. Genau genommen: Hier wird expandiert, denn Tropical Islands bekommt ein Außengelände. Man möchte mehr Kunden, die länger bleiben, man möchte den Spreewald mit einbinden, man möchte den «Conference-Bereich» erschließen.

Notausgang

Deshalb gibt es auch ganz normale Hotelzimmer ohne Pappmachézinnen und Deko-Rumfässer, und deshalb gibt es auch ein schickes neues Restaurant mit Fine-Dining-Anspruch. «Tropical Garden» heißt das schicke neue Restaurant, und hier gibt es Tatar vom brandenburgischen Weiderind und Jakobsmuscheln und Risotto mit Wildlachs. Die Bedienung empfiehlt einen Hauswein, weiß aber gerade nicht, was da ausgeschenkt wird, und kennt sich mit Wein generell nicht so aus. Hier gibt es auch eine relativ schicke Bar, aber weil wir noch eine Runde in der abendlich faltigen Südsee schwimmen wollen, die momentan erfreulich leer ist, verpassen wir die Öffnungszeit. Kurz vor Mitternacht wird's eng in Sachen Gastronomie. Schließlich finden wir die Raucherlounge, die hat noch offen, und Cocktails gibt es auch. Also, so ähnlich. Als ich der Barkeeperin sage, ich hätte meinen Gin Tonic lieber ohne Gurke, schaut sie mich an, als hätte ich ihn mit Leberwurst bestellt. Sie schüttet No-Name-Tonic auf No-Name-Gin, die Begleiterin bekommt etwas sehr Klebriges mit Mango, zack, auf die nasse Theke geknallt, auf den Chip gebucht, fertig.

Wir sitzen auf den Loungesofas bei artifiziellen und immer konstanten 25 Grad und trinken schlechte Mischgetränke. Neben uns feiern größere Männergrüppchen irgendwas. Wir hingegen sind vollkommen fertig. Für diese Art von Erholung sind wir nicht gemacht. Für die Sache mit dem Conference-Bereich müssen die noch ein bisschen üben, merke ich an. «An diesem Ort», meine Begleiterin wird jetzt ein bisschen pathetisch, «ist keine Liebe!» Dann gehen wir durch den Dschungel nach Hause. Tonbandpapageien und Tonbandaffen aus schlecht kaschierten Lautsprechern säumen unseren Weg. Die Echsen und die Vogelspinnen schlafen schon in ihren dunklen Volieren.

Am nächsten Tag verlassen wir mittags fluchtartig das Gebäude. Wir sitzen auf einem Parkplatz, Busse reihen sich aneinander, Tropical-Islands-Fahnen wehen. Es sieht schon wieder alles nach Baumarkt aus. Das Shuttle bringt uns zum Bahnhof. Hier draußen leben echte Menschen. Sie gehen ihrem Tagewerk nach. Wind weht uns an. Eine Elster landet auf der Oberleitung. Wir setzen uns auf den Steinboden des Bahnsteigs, schauen in den blauen Himmel und riechen an der Luft. Das kommt für uns jetzt etwas überraschend, aber dieser Overkill an Attraktionen, der uns unter der Kuppel bespaßen sollte, war eigentlich ein Experiment in Deprivation. Eventuell waren wir ungeeignete Versuchskaninchen.

FARBRAUSCH IM GRASLAND

Als ich aus Manzhouli abflog, kam mir der Flughafen karg, fast minimalistisch vor. Das war bei der Ankunft noch anders gewesen, denn da hatte ich nach einem endlosen Flug über das endlose Grasland der Inneren Mongolei vor Entzücken sofort die Kamera hochgerissen: ein Flughafen mit Säulenportikus! Ein Tower mit pseudobiedermeierlichen Lisenen! Ein wehrloses Terminal, dem mit einiger Gewalt allerschönste Zuckerbäckerstukkatur appliziert worden war, verziert mit chinesischen Leuchtbuchstaben in Revolutionsrot!

Und innen ging das immer so weiter: riesige Glaslüster in Mattweiß und Gold, schmiedeeiserne Schnörkelgeländer und an der Decke der Empfangshalle Putten von so grotesker Hässlichkeit, dass sie nicht einmal in einer saudiarabischen Einkaufsmall geduldet würden. Dieser konsequente Wille zum Kitsch hatte mich enorm beeindruckt; jetzt, nach ein paar Tagen in Manzhouli, ließ es mich kalt.

Die Flughafenfassade war bloß einfarbig beige, und nicht einmal Goldkuppeln hatte das Ding. Diese Stadt verschiebt einem innerhalb kürzester Zeit sämtliche Maßstäbe, und als Erstes kommt die Sensibilität für architektonische Angemessenheit abhanden. Ich müsste allerdings lügen, wenn ich behaupten würde, sie besonders vermisst zu haben.

Vor dem Hotel wurden wir von einer Stalinorgel empfangen, die auf der Ladefläche eines Pick-ups stand. Gab es hier etwa einen bewaffneten Konflikt? Warum hatte mir das keiner gesagt? Und warum hat das Rohr da ein rotes Schleifchen?
Schade, wir hätten knapp die Hochzeit verpasst, beschied man uns. Und wer in der Inneren Mongolei etwas auf sich hält, begeht diesen Anlass mit dem entsprechenden Freudengeballer. Gern lang, laut und aus allen Rohren. Später wunderte ich mich nicht mehr, dass vor sämtlichen Brautmodenläden diese Geschütze standen, alle mit rotem Stern auf olivfarbenem Lack und liebevoll gebundener Schleife an einem Rohr. Auch der Maßstab für Romantik, das lernte ich als Nächstes, ist interkulturell durchaus variabel. Gut, wenn man das erklärt bekommt, bevor man die Gelegenheit hat, sich Sorgen zu machen.

Warum in der Weite des Graslandes überhaupt eine Stadt steht, und dann auch noch eine dermaßen bunte, das ist ganz grundsätzlich erklärungsbedürftig. Seine gut hundertjährige Existenz hat Manzhouli der Transmandschurischen Eisenbahn zu verdanken und vor allem dem russisch-chinesischen Grenzbahnhof, um den herum eine

144

Siedlung entstand, die bald zu einem wichtigen Handelszentrum wurde. Bis heute rollen güterwaggonweise die Holzstämme aus den sibirischen Wäldern in die innermongolischen Sägewerke und von dort aus in den ganzen chinesischen waldlosen Norden. Textilien und andere Exportgüter nehmen den umgekehrten Weg. Und weil die Spurweite der russischen und der chinesischen Bahnschienen sich unterscheidet und in Manzhouli die Schnittstelle ist, muss dort seit jeher alles umgeladen werden.

In den Anfangsjahren zuckelten noch Pferdekarren zwischen einstöckigen Holzhäuschen mit Schnitzverzierungen hindurch, über deren Türen Schilder mit russischer Beschriftung hingen. Die Pferdekarren gibt es bis heute, die allgegenwärtigen kyrillischen Lettern auch, aber der Rest wurde ziemlich konsequent auf russischen Betonklassizismus und chinesische Farbfreudigkeit getrimmt. Das Städtchen mit seinen sechzigtausend Einwohnern boomt still und leise vor sich hin, Arbeit und Geld gibt es genug, auch wenn man es auf den ersten Blick kaum glauben mag. Hier, in dieser Einöde? Was soll denn hier bitte florieren? Unter eher unspektakulären Vorzeichen entstand eine Stadt voller kleiner Ramschläden, die pinkfarbene Plastiksandalen und echte Pelzcapes verkaufen, Letztere vor allem an Russen, und mit Hochhäusern, die konsequent jeglichen Modernismus verweigern. Die globalen Indizien wirtschaftlichen Erfolges fehlen sämtlich. Keine Prada-Boutiquen, keine internationalen Modeketten, kein Starbucks, kein McDonald's, keine glitzernden Glasfassaden und monströsen Malls. Nur eine einsame Kentucky-Fried-Chicken-Filiale im Zentrum behauptet wacker

Goldene Kuppeln

den westlichen Standard gegen die fliegenden Obsthändler und die russischen Restaurants.

Und vor allem: diese Gebäude! → **Goldene Kuppeln schweben auf Ecktürmchen, gotisches Maßwerk überzieht lückenlos Fenster und Fassade des Studentenwohnheims, über maurisch anmutenden Arkaden erheben sich sozialistische Plattenbauten, das Ganze leuchtet ungebremst in Orange, Rosa, Pink und Minzgrün.** Auf einem Hügel steht ein Traum in Backsteingotik, das ist der Hochzeitstempel, ganz areligiös für Familienfeiern aller Konfessionen. **Im Zentrum tanzen überlebensgroße Bärenstatuen manisch grinsend auf Granitsockeln Polka und halten triumphierend ein blechernes Zweiglein mit goldenen Blättern empor.** → **Ein Panda und ein Eisbär** – so quietschvergnügt stellt sich die chinesisch-russische Freundschaft dar.

Panda und Eisbär

Angesichts dieses stilistisch unbekümmerten Trümmer-
haufens von einer Stadt kann man nur die Waffen strecken,
jeder ästhetische Einwand wirkt da wie Korinthenkackerei.
Nein, man muss einfach hinnehmen, dass der See künstlich
und es allen egal ist. Dass um jeden Laternenmast drei voll-
plastische Metallputten tanzen. Hinnehmen, dass überbor-
dender Neonröhrenbesatz an Portalen Glamour verheißt
und Zurückhaltung keine Tugend ist. Und dann, wenn
man sich weitestgehend immun gegen den städtebaulichen
Wahnsinn wähnt, die Hauptattraktion der Stadt besuchen:
eine dreißig Meter hohe Matrjoschkapuppe, in der sich ein
fünfstöckiges Restaurant und ein Souvenirladen befinden,
in dem man schönsten Mao-Kitsch kaufen kann. Zum Beispiel Mao-Postkarten, die den Großen Vorsitzenden bei
Freizeitvergnügen wie Schwimmen, Tischtennis und dem
Betütteln von kleinen Pionierinnen zeigt.

Matrjoschka

Auf dem Matrjoschkaplatz gibt es eigentlich wenig zu tun, aber trotzdem strömen alle hierher. Das liegt wohl daran, dass es in Manzhouli insgesamt wenig zu tun gibt. So stehen alle staunend vor der Riesenmatrjoschka mit den drei Gesichtern, chinesisch, russisch und mongolisch, laufen um die zwei Meter hohen Fabergé-Eier aus Beton herum und die vielen kleinen Matrjoschkas mit Länderthemen. Auf der deutschen → **Matrjoschka** wird großflächig ein etwas verkniffener Wissenschaftler namens «Hermann» ohne Nachnamen geehrt, der die weltweite Raketenforschung maßgeblich mit einer Erfindung namens V2 vorangetrieben habe. Ich bin etwas verwirrt. Karl Marx wäre schon auch passend gewesen, denke ich und bin ein bisschen neidisch auf Österreich, denn die dürfen auf ihrer Matrjoschka feinsinnig mit Mozart angeben. Dabei haben wir Bach!

148

Doch die Besucher des Platzes kümmert das Bildungsprogramm ohnehin wenig, sie spazieren unter grauem Himmel auf dem öden Betonfeld herum, von bunter Puppe zu bunter Puppe, nehmen die Rundungen in den Arm und fotografieren sich gegenseitig. Überhaupt scheint die Freizeit erstaunlich vieler Menschen daraus zu bestehen, sich gegenseitig dabei zu fotografieren, wie sie in den zehn Prozent Restzeit vermeintlich Spaß haben. Aber was soll man auch sonst tun hier? Eigentlich stand für mich noch die Besichtigung der örtlichen Wurstfabrik auf dem Plan, aber die hat gerade Sommerferien und ist daher geschlossen.

Die ganz Hartgesottenen gehen daher in das benachbarte Russische Museum in Gestalt einer ultramarinblauen Kirche mit goldenen Zwiebelkuppeln. Innen ist dieses Gesamtkunstwerk mit Kopien von allem ausgemalt, was kunsthistorisch zwischen Salonmalerei und Jugendstilplakat passt, und wenn es nicht gemalt ist, wurde es grob verpixelt ausgedruckt und an die Decke tapeziert. In den Vitrinen befindet sich alles, was der nördliche Nachbar im Laufe der Jahrhunderte zwecks Abwehr von Feinden und Verherrlichung des Vaterlandes in Bronze gegossen hat, und das ist bekanntermaßen viel. Man muss das mögen. Oder zumindest einen Sinn für den Alltagssurrealismus haben, der hier besonders bunte Blüten treibt.

Dann steht man auf diesem Platz unterhalb des ultramarinblauen Museums neben der geschlossenen Wurstfabrik und lacht hemmungslos in sich hinein, wie ich es getan habe, weil alles einfach zu viel war, zu bunt, zu seltsam, zu fremd. Und weil ich beglückt war, diesen Ort gefunden zu haben, an dem nichts so war, wie ich es mir vorgestellt hatte, sondern so ziemlich das exakte Gegenteil davon.

Aber was wusste ich schon über die Innere Mongolei? Nichts wusste ich!

Ich stellte mir zunächst nur Steppe vor, Grasland bis an den Horizont, und ab und zu steht eine Jurte herum. Genauso sieht es hinter dem letzten Wohnblock von Manzhouli auch aus, nur dass eine ziemlich gut ausgebaute, gebührenpflichtige Autobahn hindurchführt. Dann das große Nichts, wie Wüste, nur in Grün. Einzelne Schafherden sind das Einzige, was die Landschaft sichtbar belebt, und ab und zu stehen Kühe auf der Fahrbahn, ignorieren knapp vorbeirauschende Fahrzeuge und käuen wieder.
Wir schleichen mit enervierend langsamen achtzig Stundenkilometern über die leere Gerade, dann fährt der Fahrer rechts ran und justiert etwas am Motor. Das sei die Touristensperre, wir Ausländer dürften eigentlich nicht schneller fahren. Aber unser Fahrer weiß, wie man die Sache deaktiviert, und nun geht es mit waghalsigen hundertzehn voran. Angesichts der Entfernungen hier noch immer ein Schneckentempo.

Am großen Hulunsee gibt es einen Felsen, darüber thront ein Aussichtspavillon. Hier, an diesem stürmischen Landzipfel, erfahren wir, hat Dschingis Khan seine Pferde gehalten. Das ist keine Kleinigkeit, denn Pferde sind die beste Möglichkeit, diese Weite zu überwinden. Heute werden sie durch chinesische Motorräder ergänzt, aber noch immer reitet jeder, sitzt auf dem Pferd und telefoniert dabei. Die innermongolische Steppe hat eine für deutsche Stadtbürger beneidenswert lückenlose Mobilfunknetzabdeckung, was vermutlich am Fehlen jeglicher Hindernisse liegt.

Auch sonst lebt man nicht hinterm Mond: Strom liefert energetisch erneuerbar das Windrad, damit wird unter anderem der MP3-Player des jungen Mongolen versorgt, der mich freundlich in die Jurte winkt.

Während er mich mit Händen und Füßen darum bittet, sich die Fotos auf dem Display der Digitalkamera anschauen zu dürfen, hält er mir den Ohrstöpsel hin. Es läuft Adeles «Rolling in the Deep». Ich nicke freudig erkennend, der → **Mongole** nickt freudig zurück. Nach Tagen in einer Landschaft, in der ich sämtliche Koordinaten verlor, weil alles so fremd schien, alle Dinge, alle Namen, alle Häuser, alle Gebräuche, in einer Gegend, deren Geschichte ich nur bruchstückhaft kannte, da ist es in einer Jurte ausgerechnet die Stimme von Adele, die mir für ein paar Sekunden etwas anbietet, an dem ich mich festhalten kann. Ich höre ihr zu, als spräche da eine enge Freundin zu mir. Bislang war mir Adele immer ein bisschen egal, nun aber teilen wir

Mongole

diesen Jurtenmoment. Das ist etwas Besonderes zwischen Adele und mir.

Warm ist es hier drin, kaum Sonne sickert durch den dicken, geblümten Stoff, kaum Luft kommt in die Jurte. Wir haben zielsicher den sechswöchigen mongolischen Sommer erwischt. Sechs Betten stehen im Kreis, darauf sitzen zwei weitere Jungs und grinsen. Man sitzt immer auf dem Bett oder auf dem Pferd oder auf dem Motorrad, Rückzugsräume gibt es nicht, nur die Steppe, in die man aber weit hineinreiten muss, bis man außer Sichtweite ist.
Die Jurte des Adele-Hörers und seiner Kollegen steht in Huhe Nur, einer Art Kulturzentrum gleich neben einem großen Obo. Von der Straße aus sieht man sie in regelmäßigen Abständen auf den Hügelkuppen, die Obos: große Steinhaufen, verziert mit bunten Bändern und Gebetsfahnen, wie überhaupt menschliche Ansiedlungen grundsätzlich mit bunten Fahnen markiert werden müssen, die schon von weitem im Grasland leuchten, orange, gelb, pink. Früher einmal legten Krieger vor der Schlacht je einen Stein auf das Obo, nach der Schlacht kamen die Überlebenden und nahmen ihre Steine wieder fort. Die Steine der Gefallenen blieben liegen als Ort für die Familien, die hier ihre in der Ferne getöteten Angehörigen besuchen konnten. Obos dienen auch als Orientierung im Grasland und als Andachtsort. Heute ist es üblich, einen Stein in der Umgebung aufzulesen, den Haufen dreimal im Uhrzeigersinn zu umrunden, zu Fuß oder auch zu Pferd, man denkt an seine Wünsche und wirft den Stein auf die Mitte des Haufens. Immer größer wird das Obo, türmt sich auf, bunt umflattert, ein Berg aus Wünschen und Toten.

Dann werden wir begrüßt, mit Schnaps natürlich. In einer Jurte wird aufgetischt, Platten mit Pilzen und Platten mit Gemüse. Eine kräftige Frau trägt einen gekochten Schafskopf in einer Blechschüssel herein und macht sich daran, das Fleisch abzuschaben und uns aufzutischen. Alles schmeckt hervorragend, auch der Schnaps. Dazu singt eine Gruppe buntgekleideter Musikanten und spielt auf der Pferdekopfgeige.

Bunt sind auch die Häuser der Stadt Altan Emel, an deren Stadtgrenze sich eine Jurtensiedlung befindet. Lange hat die Regierung versucht, die Mongolen zur Sesshaftigkeit zu überreden, denn die medizinische Versorgung und die Beförderung der Kinder zur Schule gestalten sich ziemlich aufwendig. Doch weil viele der älteren Menschen sich nicht vorstellen konnten, in einem Haus aus Stein zu wohnen, entstand hier ein Gelände, auf dem sie stadtnah, aber auf ihre Weise leben können. Vor der Jurte sind Ziege und Wäscheleine angebunden, und dort steht auch die unvermeidliche Blechkiste mit der dicken Winterkleidung, die jede Familie besitzt, denn im Winter sind minus dreißig Grad keine Seltenheit.

In der Jurte steht dann der mit Kuhfladen beheizte Ofen mit dem durchs Dach ragenden Rohr, auf dessen Kochplatte in einer Pfanne die Milch köchelt, bis sie vergoren und zu sauren, mehligen Chips geronnen ist – im Unterschied zum wirklich köstlichen Milchtee eher eine kulinarische Grenzerfahrung. Auf dem Eisenbett wird gerade gebügelt, der Sohn spielt Videospiele, die kleine Tigerkatze tobt auf dem Boden herum. Dass man einen Kühlschrank und eine Waschmaschine hat, ist selbstverständlich. Es gibt ein großes Versammlungszelt und ein Restaurant, in dem man für chinesische Verhältnisse aber eher leise feiern muss: Abends wollen die alten Leutchen hinter ihren Stoffwänden schlafen.

Dass aus diesem leeren Land einmal ein Weltreich entstehen konnte, ist schwer vorstellbar. Diese nomadischen Menschen, die vor allem reiten konnten, die sich schwertun, ein Zentrum zu bilden, die sich lieber nicht so gerne zivilisatorisch verdichten, wie konnten die Asien und halb Europa erobern? Sie sind so ganz anders als die Stadtbewohner von Manzhouli, denn dort leben größtenteils Han-Chinesen, die mit Begeisterung zwischen ihren Goldkuppelhäuschen zusammenhocken und immer da herumwimmeln, wo alle anderen auch schon sind.

Im Park am künstlichen See zum Beispiel. Wenn sich zwei an einem Tischchen treffen, um mit Karten oder auf einem Brett die chinesische Variante von Dame zu spielen, bildet sich binnen Minuten ein lautstark debattierender Pulk. Gleich daneben hat sich eine Truppe gutgelaunter älterer Herrschaften zusammengefunden, um Musik zu machen: Keyboard, Geige, Flöte, ein Mikrophon für jeden, der einen chinesischen Schlager auswendig kann, dazu bewegt sich die Tanzgruppe aus fünf älteren Damen in jahrelang eingeübter Synchronizität zwischen lebensgroßen Plastikgiraffen, die ihre Plastikköpfe in die Baumkronen strecken.

Es ist, als habe man diese Stadt aus Trotz gegen die umliegende Weite so eklektizistisch übermöbliert. Weil man deutlich machen wollte, dass hier nicht nichts ist, nicht nur eine kleine Bahnstation in der Mandschurei, sondern das Tor zu China. Damit das jedem sofort ersichtlich ist, baute man ein überproportioniertes torförmiges Etwas an den Grenzübergang, nannte es «Nation Gate», beklebte es mit großen roten Lettern und setzte eine Fahne obendrauf. Nun steht es sehr symbolhaft, aber nutzlos herum und markiert den Übergang vom chinesischen zum russischen Grasland.

Gegen all die überbordenden Formen Manzhoulis, die meist keiner Funktion folgen außer der, die weitgehend merkmalfreie Landschaft zu ornamentieren, kommt der Flughafen nicht an. Die riesigen Reliefstatuen, die hohlen Säulen, die dem Portal vorgeklebt sind, und die hässlichen Putten zieren immerhin ein Terminal, von dem aus man nach Peking gelangen kann. Diese Stadt im Grasland lebte schon immer von den Verkehrswegen und weiß sie wohl zu würdigen, deshalb verschönt sie sie auf ihre Weise und schafft ihnen einen prunkvollen Rahmen. So gelang es ihr immerhin, die vermutlich unglobalisierteste Handelsstadt des Planeten zu werden.

Dann hebt das Flugzeug ab und kurvt über die Steppe. Ein paar Schafe werden hektisch, sonst nur Leere bis zum Horizont. In der Reihe hinter mir beginnen drei Chinesen, geräuschvoll Spielkarten auf den Klapptisch zu dreschen, und bald darauf hat sich im Gang ein Pulk versammelt. Er debattiert naturgemäß lautstark.

BEI DEN BÖSEN

Bei den meisten Völkern hat man eine grobe Vorstellung davon, was sie den halben Tag so tun. Der Brite spielt Cricket und trinkt Tee, der Franzose trinkt Rotwein und spielt Boule, der Japaner trinkt ebenfalls Tee und hetzt dicke Männer aufeinander. Aber was tut der Schweizer, wenn er sich hinter seinen hohen Bergen versteckt und unbeobachtet wähnt? Der Schweizer, so klärte mich meine Thurgauer Kollegin Nina auf, schwingt. Und wenn er nicht schwingt, bleibt ihm als Alternative das Steinstoßen oder das Hornussen.

Das eidgenössische Schwing- und Älplerfest findet alle drei Jahre an einem anderen Ort statt, aber immer in der Schweiz. Denn wer sonst, außer den Schweizern und einer Handvoll Auslandsschweizer, auf die sich gleich sämtliche Medien stürzen, schwingt schon? Erfunden wurde das von Hirten, denen oben auf ihren Almen langweilig wurde, weshalb sie zum Kräftemessen antraten und eine Art Ringkampf veranstalteten, der entfernt an das erinnert, was in Japan zwischen dicken Männern ausgetragen wird, wenn ein dünner Greis damit fertig ist, ein Kreisrund mit Reisschnaps zu befeuchten. Den Greis und den Schnaps muss man sich wegdenken, der Kreis ist mit Sägemehl ausgestreut. **Dann treten zwei ziemlich kräftige Herren gegeneinander an und versuchen, sich mittels diverser ausgefeilter Techniken gegenseitig auf den Rücken zu befördern. Das nennt sich → Hosenlupf**, weshalb Schwinger unbedingt eine Schwingerhose tragen müssen, kurz und ledern und entweder hell oder dunkel, je nachdem, ob der Kämpfende im Alphabet vor oder nach seinem Gegner steht.

Frauenfeld, der Ort des diesjährigen «Eidgenössischen», wie der Kenner sagt, ist ziemlich klein und ziemlich unspektakulär. Es verfügt dennoch über einen berühmten Sohn, dessen Name bis heute in aller Munde ist: Julius Maggi (1846 bis 1912). Ansonsten gibt es dort eine große Wiese namens Allmende, auf der fünf große Stahltribünen stehen, die eigens fürs Schwingerfest aufgebaut wurden. Auf der Wiese in der Mitte liegen sieben unbelegte Pizzafladen, das sind die sieben Sägemehlplätze, auf denen die Schwinger antreten. Frauenfeld liegt außerdem im Thurtal, durch das die Thur fließt und allmorgendlich die Gegend einnebelt. Man sieht vom Rande der Tribünen kaum bis zum nächsten Schwingfeld. Man kann vom Rande der Tribünen demnach kaum unvernebelte Fotos vom Geschehen machen. Und das ist so ziemlich genau der Grund, warum ich am ersten Morgen des Eidgenössischen, kurz nach

Hosenlupf

acht Uhr in der Früh, nach einer einstündigen Zufahrt mit bestens gelaunten und bestens vorgeglühten Schwinger-freunden in Schwingerhemden so miserable Laune habe.

Meine Thurgauer Kollegin hat ungefähr vier Wochen hart-näckigen Telefonterror im Pressebüro benötigt, um sich zu akkreditieren, ich hingegen, die ich das Ganze im Bild festhalten soll, bekomme nur eine durch dunkle Kanäle er-schlichene Stehplatzkarte. Hinterher erfahren wir, dass wir zu einem konspirativen Treffen der Fotografen hätten erscheinen sollen, Teilnahme obligatorisch, das ist gefet-tet und unterstrichen, wo man eine Weste ausgehändigt bekommt, die einen als quasi offiziell embeddeden Bild-medienvertreter ausweist. Damit darf man sogar auf den Rasenplatz und nah dran ans Geschehen. Dieses konspira-tive Treffen fand am Vortag statt und steht nur im Kleingedruckten auf einem Zettel, der im Medienzentrum liegt, wo die Kollegin gestern noch nicht war, weil die offizielle Eröffnung erst heute früh stattfindet. Tröstlich ist, dass ein großer Teil der Kollegenschaft auch am Rand sitzt und frustriert schaut. Wegen des Nebels nutzt dem Mann von der dpa auch sein riesiges Objektivrohr nichts. Man schweißt sich zu resignierten Selbsthilfegruppen zusammen.

Der Schweizer lässt sich, so scheint es, bei seinen geheimnisvollen Freizeitvergnügen nur ungern zusehen, und am wenigsten gern von irgendwelchen Auswärtigen. Vielleicht schämt er sich. Die Kollegin jedenfalls schämt sich gerade sehr und erklärt mir ausführlich, dass wirklich nicht alle Schweizer so seien. Dann bringt sie mir ein Kafi Lutz, das natürlich Chafi ausgesprochen wird. Alles wird hier mit ch ausgesprochen, und hintendran ist ein i. Das Kafi ist Kaffee mit Alkohol drin. Ich schaue in den Becher, ich sehe den Boden. Das Zeug besteht anscheinend aus wenig Kafi und sehr viel Lutz. Aber es hilft und wärmt innerlich.

Sehr bald aber wärmt es uns auch äußerlich. Nach unendlich langer Zeit gibt der Nebel das Feld geschlagen, nun brennt die Sonne mit aller Kraft auf die fünfundvierzigtausend in der Arena und die zweihunderttausend davor. Heute morgen, so wird geraunt, habe es auf der Autobahn sieben Komma fünf Kilometer Stau gegeben. Das ist etwas Besonderes, denn es gibt eigentlich nie Stau bei Frauenfeld. Nun aber strömen die Massen, fallen allmählich ein in die Gassen um die Fressstände und in die Festzelte, in das Areal vor der Arena, wo die Schwinger auf Bildschirmen übertragen werden für die, die auch durch dunkle

Kanäle keine Karten mehr bekommen konnten. Die Karten, so heißt es, seien schneller weg gewesen als bei einem AC/DC-Konzert. Die meisten gehen ohnehin an den Schwingerverband selbst, der das Fest ausrichtet, und an seine Teilverbände. Dem Rest bleiben die Fanmeile und das Fernsehen: In der Schweiz werden die Wettkämpfe 18 Stunden lang live übertragen, siebenhunderttausend Zuschauer schauen sich das an. Insgesamt, so kann man sagen, ist das ein Millionenereignis. In der Schweiz zumindest. Aber auch hier ist die Renaissance des Schwingens ein Phänomen, an dem sich Feuilletons und Leitartikler abarbeiten: Überall wird die Wiederkehr des Kuscheligen, des Lokalen in der kalten, globalisierten Welt gefeiert. Mal nüchtern analysierend wie in der NZZ, mal polemisierend wie in der rechtslastigen Weltwoche, wo man keifend auf die «Linken und Intellektuellen» losgeht, die einseitig die Stadt verherrlichen. Diese Dichotomie scheint ein großes Thema zu sein: Land gegen Stadt, urig gegen kühl, wir gegen die, rechts gegen links. Schwinger gegen Intellektuelle. Das hätte sie wohl gern, die Weltwoche, denn so einfach ist das alles dann doch nicht.

Es gibt zwei verschiedene Schwingerkasten: die Sennenschwinger, die im Edelweißhemd und dunkler Hose antreten, und die Turnschwinger in Weiß. Beide dürfen keine Werbung tragen, ein Schwinger ist niemals Profi, das gehört sich nicht. Das ist auch der Grund, warum der Abderhalden Jörg («Jöchg») ausgepfiffen wird. Dreimal war er Schwingkönig, nun tritt er an, den Titel ein viertes Mal zu erobern. Gelingt es ihm, wäre er der beste Schwinger aller Zeiten. Der Abderhalden Jörg war Schweizer des Jahres und omnipräsent, doch er hat den Bogen überspannt. Er ist der bekannteste Schwinger der Schweiz, aber er hat sich bei den Seinen damit unbeliebt gemacht. Jetzt soll ein Neuer ran, finden die Fans. Es ist Bewegung gekommen in die Reihen der Bösen, wie die besten Schwinger genannt werden. Die Bösen gibt es auch als Sammelbildchen im Panini-Stil, zum Einkleben in ein Sammelalbum. Das ist ziemlich liebevoll gemacht, mit viel Hintergrundgeschichte, schöner Gestaltung und nicht ganz ohne Ironie. Es hat sich im Vorfeld des Eidgenössischen verkauft wie geschnitten Brot, es war plötzlich hip, die Kerle mit den Lorbeerkränzen zu sammeln, auch die Thurgauer Kollegin klebte fleißig unter Anteilnahme des gesamten Volontärsjahrgangs Bilder von kräftigen Männern und verschenkte die Dubletten. Ich habe den Holdener Reto vom Schwingerverband am Mythen bekommen.

Wir verlassen die Arena und gehen den Gabentempel besichtigen. Die halbe Schweiz, so scheint es, hat sich nicht lumpen lassen und Sachspenden aufgefahren, für jeden Schwinger eins. Das fängt an mit Fresskörben und aufwendig bestickten Kuhglocken, geht weiter mit Bauernstühlen, einer bepflanzbaren Eternitkuh, Skiern, Maßanzügen und Fahrrädern über zwei iPads, ein Gartensitzensemble aus vier steinernen Rundbänken mit Tisch, diverse andere Scheußlichkeiten aus Holz und Stein bis hin zu den Hauptpreisen. **Die Hauptpreise sind die → Läbbendpries, so schallt es durch die Arena, als Arnold hereingeführt wird, der Muni. Stolz und höchstpersönlich führt ihn Spender und Namensvetter Walter Arnold hinein, Vieh- und Schweinehändler zu Schönenberg a. Thur. Ein Muni**

Läbbendpries

ist ein Zuchtstier, und Arnold ist ein hervorragender Vertreter seiner Art. Ihm folgen duldsam die Kühe Brunella, Erika, Heidi und Helvetia, dahinter zwei aufgeregte braune Fohlen. Das sind die Gaben für die Bösesten der Bösen, und Muni Arnold ist für den König der Schwinger vorgesehen.

In der Mittagszeit, wenn überall in den Festzelten Schüblig und Cervelat grilliert werden (was sehr elegant klingt dafür, dass da auch nur Worscht aufn Rost kommt), begeben wir uns mittels Shuttlebus an den Nebenkriegsschauplatz. Ein wenig abseits findet das Steinstoßen und Hornussen statt, das die Trias der schweizerischen Nationalsportarten komplettiert. Das Hornussen ist ein Schlagballspiel, das recht weitläufig auf einem großen Feld stattfindet, das mir gerade definitiv zu heiß und baumfrei ist. Ich schaue mir deshalb das Steinstoßen an, das in drei Kategorien ausgetragen wird: zwanzig Kilo und halbwegs handlich, vierzig Kilo und halbwegs handlich und Unspunnenstein. Der Unspunnenstein wiegt, so raunt das Publikum, 83 Kilo und ist sehr rund und ganz und gar unhandlich. Man muss den Klotz hochwuchten, über den Kopf stemmen, die Schritte bis zur Abwurfstelle mit nach oben gestreckten Armen samt Stein schaffen und ihn dann in eine Sandkuhle werfen, was meist nur ein eher unspektakuläres «Fump!» verursacht, wenn der Unspunnenstein mal wieder keinen Meter vor den Füßen der Werfer zum Liegen kommt. Fallenlasser würde es eher treffen. Aber sogleich kommen die Kampfrichter herbeigeeilt und rollen, wie auch bei den leichteren Kategorien, ihr richterliches Zentimetermaß aus, um die Distanz zu vermessen.

Der Bus, der uns zurück ins Geschehen bringen soll, verröchelt mit überhitztem Motor. Ich bin auch knapp davor. Wir kaufen uns ein Glace und suchen uns einen Bodenplatz in der Arena – Schatten gibt es dort zwar keinen, alles stöhnt und fächelt, aber das Gedränge hält sich wenigstens in Grenzen. So schauen wir den Schwingern zu, wie sie sich gegenseitig auf das Sägemehl zu lupfen versuchen, immer auf den Rücken, dann ist der Kampf aus, oder nach acht Minuten. Im zweiten Durchgang nach sieben, im Schlussgang nach sechs. Die Punkterichter bewerten nach Technik und vergeben auch B-Noten, dazu zählt unter anderem, wie spannend der Kampf war. So kann man einen unentschiedenen Kampf, einen «gestellten», wie es hier heißt, doch noch für sich entscheiden. Die Entscheidungen, wer in die nächste Runde weiterkommt, wie die Paarungen werden erst kurz vor knapp verkündet, damit es lange spannend bleibt. Wer gegen wen kämpft, wird übrigens nicht ausgelost, sondern ausdiskutiert. Das kann man Demokratie nennen oder Geklüngel, je nachdem. Jeder Verband will seinen Schwinger weiterbringen und versucht, eine möglichst günstige Partie herauszuhandeln.

Etwa jede Stunde kündigt der Stadionsprecher, der alles auf Schweizerdeutsch und Französisch ansagt, eine Musikeinlage an. Dann treten einige samtschwarze Trachtenträger auf den Rasen zwischen die schwingenden, schwitzenden Kerle mit dem Sägemehl im Gesicht und stimmen alpines Liedgut an. Es ist ja das Schwing- und Älplerfest, die Berge sollen, obwohl vor Ort jetzt konkret nicht vorhanden, dennoch nicht zu kurz kommen. **Die Kerle kämpfen auf sieben Sägemehlplätzen gleichzeitig, danach wanken sie zu einem der beiden → Brunnen in der Arena, ein**

Brunnen

Rindenmulch

merkwürdiger Ort der Ruhe im Gekämpfe, da lassen sie
sich hinfallen, **da fällt auch alles Kraftmeierische von ihnen ab, da klappen sie auf dem → Rindenmulch** zusam-
**men, die Schultern sacken nach unten und der Blick auch,
sie spritzen sich Wasser ins Gesicht und berappeln sich
wieder.** Kurz sieht man nicht, ob sie Sieger sind oder Ver-
lierer, kurz ist es auch egal, aber dann schreiten sie über
den Rasen, wenn sie erfolgreich waren, oder schleppen
sich aus der Arena, wenn es nicht so gut lief.

Dann ist der erste Tag vorbei, und der Teil des Festes beginnt, den man gemeinhin als den gemütlichen bezeichnen
würde. Man zieht sich in die Festzelte zurück und frequen-
tiert Fressstände, schiebt sich durch Gänge und steht an
Stehtischen. Es ist viel zu voll, es verläuft sich hier nichts,
das macht die Sache für mich so unangenehm. Aber es ist

alles friedlich, es ist alles harmlos, die Rangelei findet auf dem Sägemehlplatz statt, nirgendwo sonst. Glasflaschen sind überall ganz selbstverständlich erlaubt. Ordner stehen herum und finden nichts zum Ordnen.

Meine Kollegin klaut mir ein Teilchen vom Pressebuffet, das ich am Wegesrand picknicke. Ich wundere mich, warum ich eigentlich keine Trachten sehe, keine Hirschhornknöpfe und keine Janker, und nur ganz selten einmal ein Dirndl. Wenn das Eidgenössische in Bayern stattfinden würde, dann wäre alles ganz grün vor Loden. Es gibt, so erfahre ich später, hier keine Trachtenindustrie. Wer eine Tracht hat, der hat sie von der Großmutter oder selbst genäht, ganz ähnlich wie die Trachten in Hessen oder in Thüringen, es gibt nur die echten und keine abgespeckte Touristenversion. Und die trägt man nicht einfach so zum Schwingerfest, dafür ist sie viel zu teuer und zu gut. Zum Schwingerfest trägt man maximal Bergschuhe und ansonsten alles, was sich leicht waschen lässt. Denn wer weiß, wo der Tag noch endet.

Das ist keine Bergschweiz hier, keine Alpenschweiz mit hohen Gipfeln. Es ist eine Moorlandschaft, die sich jeden Morgen einnebelt und es der Sonne nicht so leicht macht. Das Thurtal wird durch den Seerücken vom Bodensee abgegrenzt, und hinter den Seerücken schaut kaum ein Tourist. Sanfte grüne Hügel gibt es hier und Apfelbäume, viele Apfelbäume, die bringen den Most und den Süßmost, der in Krügen serviert wird, die in Frankfurt Bembel heißen und hier einfach Mostkrug («Moschtchrügli»). Es gibt einen Besucherrekord im Tal, aber in der Stadt Frauenfeld merkt man nichts davon, man geht dort weiter unbehelligt seiner Wege. Es gibt hier eine Sportveranstaltung auf der Allmende, die von zweihundertsechzigtausend Zuschauern überrannt wird. Aber hinter dem Seerücken im fernen, eigentlich doch so nahen Deutschland bekommt man nichts davon mit.

Die wissen dort nicht, was Schwingen ist, sind ahnungslos, dass der Abderhalden Jörg unterlag gegen den Wenger Kilian, den jungen König, sie ermessen nicht, was das bedeutet. Sie sind eben kein Hirtenvolk, das Stadt und Agglo, die Agglomeration, mit Misstrauen sieht oder umgekehrt. Und Chüchechäschtli können sie nicht einmal aussprechen. Kann sein, dass diese Deutschen sich nach ein paar Tagen in die Sprache einhören, kann sein, dass sie irgendwann auch mal was übers Schwingen lesen. Aber das Eidgenössische wird nie eine Touristenveranstaltung werden, es wird nie ein Oktoberfest, das ist eine rein schweizerische Angelegenheit, im Guten wie im Schlechten. Das macht der Schweizer, wenn er sich unbeobachtet fühlt, im Nebel, hinterm Hügel, unter sich aus.

IM FLUSS GOLD UND FORELLEN, ANSONSTEN EHER ARM

Mit Günni stehe ich am Männerhaus. Wir haben uns unter das Vordach verzogen, weil es regnet. Die Wiese wird nass, der Grillplatz wird nass, der Seerosenteich ist schon nass. Das Männerhaus liegt am Rande des Dorfes Böhlen, auf einem Wiesenbuckel, kurz bevor der Wald beginnt, der ein kleiner Teil des großen Thüringer Waldes ist. Günni ist nach der Pensionierung aus der Pfalz nach Böhlen gezogen, und ich wüsste gerne, warum. Hör mal! Sagt er. Hörste das? Die Ruhe? Wir stehen am Männerhaus und hören der Ruhe zu, die derzeit vor allem aus Regen besteht. Dann höre ich wieder Günni zu, denn er redet sehr gerne. Anscheinend auch mit dahergelaufenen Fremden, aber wer ist in kleinen Dörfern schon fremd? Es grüßt ja jeder jeden, und wer nicht grüßt, der guckt zumindest neugierig. Es passiert hier ja nicht viel.

Schieferhäuschen

Obwohl rund um Böhlen genug Platz ist, hocken die Häuser eng beieinander, vielleicht wollen sie sich vor dem Wind schützen, der hier gern über die Höhen pfeift. Böhlen liegt auf der Höhe, genau auf dem Hügelkamm, 619 Meter über dem Meer. Ein ➜ **Schieferhäuschen** oder Holzschindelhäuschen steht neben dem nächsten, ein Handtuchgärtchen neben dem nächsten, eingefasst mit rohen, vor Witterung silbrig glänzenden Holzlatten. Ab und zu steht da eine Holzscheune oder liegt da ein Stück Wiese mit Hühnern drauf. Zwischendrin stehen Jugendstilvillen und suchen Käufer. Insofern ist es kein Wunder, dass einige der Herren des Dorfes sich gerne einmal für ein paar Stunden aus der Kleinteiligkeit verabschieden und sich in die Blockhütte am Wald zurückziehen. Oder in die Gaststätte «Zur schönen Aussicht», die von allen nur «die Revue» genannt wird, was sich von «Bellevue» ableite, so zumindest will es die Dorfetymologie. Die schöne Aussicht der Revue besteht allerdings vor allem in der einzigen Ampel des Ortes, die man als Städter nicht so recht ernst nehmen will, weil sich der Verkehr doch sehr in Grenzen hält.

Da hat man von der Pension «Zur Lärche» aus einen deutlich schöneren Blick, ins Flusstal hinunter oder in den Wald hinein. Die ziemlich aus der Zeit gefallene Pension, die vage nach Fünfziger-Jahre-Heimatfilm aussieht, liegt gleich neben dem Männerhaus auf der anderen Seite des Pfades, der einmal rund um den Kirchberg durch den Wald verläuft. Die Lärche, weiß Günni, der anscheinend alles weiß, habe erst im letzten Jahr den Besitzer gewechselt, fünfzehntausend Euro habe der dafür bezahlt. Häuser gibt es hier ab zehntausend. Ich lache, denn das ist ungefähr meine Jahresmiete in Frankfurt. Früher, da haben die hohen Herren Ingenieure von Zeiss Jena in der Lärche Urlaub machen dürfen, erzählt Günni. Das galt was, damals. Heute wollen selbst die Wanderer Wellness, da zählt so etwas wie diese Ruhe nichts mehr und diese Landschaft auch nicht. Vermutlich hat er damit recht.

Ganz grob liegt Böhlen im unteren Schwarzatal. Im Norden liegt Ilmenau, im Süden verläuft der Rennsteig. Einst, nämlich schon zu Beginn des zwanzigsten Jahrhunderts, war das Schwarzatal ein in Reiseführern gerühmter Ort des deutschen Tourismus, beliebt für seine reizende Landschaft, die steilen, fichtenbewaldeten Hügel und die engen Flusstäler mit den silbergrünen, fluffigen Schwarzerlen. Es ist die Art von Landschaft, bei der man das Gefühl hat, nichts sei auch nur einen Meter gerade, alles buckelt sich und windet sich, die Flüsse nach rechts und links, die Wiesen auf und ab und die Straßen alles auf einmal.

Schon früh gab es hier eine Eisenbahn, und vor allem gab es die Oberweißbacher Bergbahn, die noch heute als historisches Kuriosum in Betrieb ist und Wanderer den Berg hinaufbefördert. Weil die Täler so eng sind, wurde die Landwirtschaft oben auf den Hügeln betrieben und die Güter auf der Schiene transportiert. Die Schienen auch für Touristen zu nutzen, das war nur ein kleiner Denkschritt. Aber dazu kommt ja noch mehr. Die Thüringer Küche mit Knödeln, Wild und Schwarzaforellen wurde schon zu Frakturschriftzeiten sehr empfohlen. An den schönsten Ecken des Tals standen Jugendstil-Fachwerkpensionen, in den Tälern standen ab und zu Jugendstil-Fachwerkfabriken und stellten Eisenwaren, Porzellanwaren, Thermometer und andere beschauliche Handwerksgüter her. Die Schwarza ist Deutschlands goldreichster Fluss, das mag so manchen Reisenden mit Hoffnung erfüllt haben.

Alles zusammen führte dazu, dass bald die Sommerfrischler aus Berlin oder Leipzig oder Hessen anreisten, durch die Flusstäler wanderten und mit der Bergbahn nach Oberweißenbach hinauffuhren, um die Aussicht zu genießen. Das Schwarzatal war lange Zeit eine ziemlich prosperierende Gegend. Heute dagegen muss ich umständlich erklären, wo das eigentlich liegt und warum es mich regelmäßig dorthin verschlägt, denn aus irgendwelchen Gründen ist dieser Landstrich, der mitten in Deutschland liegt, seit einigen Jahrzehnten das gefühlte Ende der Welt und vollkommen vergessen. Genau genommen seit der Wende, was eigentlich paradox ist, denn erst seitdem liegt er ja wirklich in der Mitte Deutschlands und nicht mehr am Zonenrand.

Es ist nicht leicht, etwas Genaueres über diese Gegend und ihre Geschichte herauszufinden, zumindest macht das Internet einen Bogen darum. Im Ort Katzhütte, so steht es in der Wikipedia, sollen zu DDR-Zeiten zwölftausend Urlauber pro Jahr übernachtet haben. Es gab diverse Gewerkschaftsheime und Jugendferienlager. Wenn man heute nach Katzhütte fährt, ist davon nichts mehr zu sehen, und man fragt sich, wo man diese Tausende untergebracht haben will. Es gibt ein reichlich glanzloses Café in einem Flachbau gleich am Ortseingang, über der Tür ein Neonleuchtkasten, auf der Terrasse eine Pergola mit Carport-Charme. Es gibt eine kleine Pension in einem schmucklosen, orangefarben angestrichenen Haus mit Zigarettenautomat neben dem Eingang, die deprimierenderweise «Zur → Erholung» heißt, als müsse man es extra dranschreiben, weil es sich nicht von selbst erklärt.

Erholung

173

Katzhütte

Gegenüber die barocke, schindelgedeckte Kirche, über ihrem Portal steht: «Suchet, so werdet ihr finden.» Erholung, Erlösung, Goldklumpen?

Die Schwarza führt mitten durch den Ort, der goldreiche, forellenreiche Fluss. Am Fluss entlang führt die Straße, und an der ziehen sich über 5,3 Kilometer die Häuser entlang, grauschindelig, weiß, in verschiedenen Stadien der Verwitterung, manchmal auch des Verfalls. Dahinter steigen Gärten ein Stück den Hang hinauf, bevor es endgültig zu steil wird, denn Katzhütte ist von Bergen umgeben, die bis zu achthundert Meter hoch sind, für ein Mittelgebirge also nicht schlecht. Das Zentrum bildet das Herrenhaus, in dicken Placken blättert der Putz. → **Katzhütte** ist ein Ort, der das Zeug dazu hätte, wirklich beschaulich zu sein, vielleicht sogar schön, wenn man ihn nicht aufgegeben hätte. Vielleicht hat er sich aber auch selbst aufgegeben.

Dieses in die Schlucht geklemmte Straßendorf soll noch in DDR-Zeiten ein gerühmter Urlaubsort gewesen sein? Der einzige Mensch, den ich heute sehe, ist eine ältere Frau, die neugierig ihren Kopf aus dem Fenster streckt, weil ich Fotos mache. Nicht unfreundlich, das ist hier niemand, aber verwundert. Vermutlich fragt sie sich, was es hier zu fotografieren gibt und was um Himmels willen jemanden mit Frankfurter Kennzeichen in arbeitsfähigem Alter an einem nicht wirklich schönen Herbsttag in diese abgelegene Gegend verschlägt. Und das ist ja auch wirklich erklärungsbedürftig.

Meine Liebe zu dieser Gegend kam ganz unverhofft, als man mir sagte, ich müsse dringend einmal zur Thüringischen Sommerakademie fahren. Ich befolgte den Rat und bereute es nicht, denn hier, in einer alten, ziemlich pittoresken Thermometerfabrik mitten in Böhlen, werden jedes Jahr zahlreiche Kurse von Malerei über Bildhauerei bis Kammermusik angeboten, und ich besuchte die Schreibwerkstatt. Nichts lenkt einen ab, im ganzen Tal gibt es kaum mobiles Internet, nur telefonieren geht gerade so. Man kann hervorragend schreiben, dann ein wenig über die Wiese bis zum Waldrand spazieren, sich auf eine Bank setzen, ins Tal schauen, wieder in die Fabrik zurückgehen und weiterschreiben. Zwischendurch kochen die Küchenfrauen Klöße oder grillen die berühmten Thüringer Bratwürste, dann gibt es Kuchen, dann wird wieder geschrieben. Und wenn man Glück hat, bekommt man ein Orgelkonzert in der Böhlener Kirche mit, die aus grobem Mörtel, unverputzt, schiefergedeckt auf dem Kirchberg steht, innen Bänke und Emporen aus Holz. Alles ganz karg,

Unberührtes Tal

das ist schließlich strengste Reformationsgegend hier. Ich lief durch das Dorf, das noch vollkommen unbefallen ist von krebsgeschwürartig wuchernden Neubausiedlungen im Toskana-Stil, und durch das völlig → unberührte Tal, in dem keine hässliche Tourismusinfrastruktur modern gemeinte Hotelklötze hinterlassen hat, und fragte mich immer wieder, warum außer uns Kursteilnehmern eigentlich sonst niemand da ist. Es gibt bestens ausgeschilderte Wanderwege, aber keine Wanderer. Es gibt die Pension Lärche, dort feiern die Einheimischen Taufen und Hochzeiten und runde Geburtstage. Es war mir unbegreiflich, und das ist es im Grunde bis heute.

In Böhlen ist der Dorfladen geschlossen, womöglich für immer. Deshalb muss man zum Einkaufen regelmäßig über eine schöne, kurvige Straße nach Großbreitenbach fahren, das nur ein paar Kilometer westlich von Böhlen liegt. Hier gibt es auch ein Heimatmuseum, das sich als «1. Deutsches Kloßpressenmuseum» bezeichnet, aber die Kloßpressensammlung besteht genau genommen nur aus ein paar Stücken in einem Nebenraum. An der Wand prangt eine heimatliche Szene, darüber steht in altdeutscher Schrift «Klöße und junge Mädchen müssen von allein aufstehn». Ich beschließe, nicht weiter darüber nachzudenken, aber tatsächlich scheint der Thüringer Kloß das kulinarische und kulturelle Zentrum dieser Gegend zu bilden. Auf den Speisekarten steht manchmal: «Thüringer Klöße (mit versch. Braten)», da wird der Kloß zur Hauptsache, auch wenn frischer Hirsch oder sensationelle Gans daneben liegt.

Klöße und Hirsch und Schwarzaforellen gibt es seit mehr als hundert Jahren im Hotel Waldfrieden in Meuselbach-Schwarzmühle, nur fünf schöne, kurvige Straßenkilometer von Böhlen entfernt. Schon immer war es eines der besten Häuser des Tals und hat auch heute angenehmerweise nichts mit dem Pressspanmuff vieler Pensionen gemein, die das Pech hatten, in den neunziger Jahren renoviert zu werden. Der Hotelleiter Sascha Schwarze ist gleichzeitig im Vorstand des Fremdenverkehrsvereins Rennsteig-Schwarzatal und jemand, der sich mit dem Tourismus in der Gegend auskennt. Zu DDR-Zeiten, erklärt er mir, hatten die gastronomischen Betriebe hier praktisch eine Auslastung von hundert Prozent. Das Hotel Waldfrieden war damals ein CDU-Parteiheim und so gut wie immer durch Parteimitglieder belegt, die anderen Pensionen waren vom FDGB betrieben, also dem Gewerkschaftsbund, und auch so gut wie immer voll. Das Restaurant des Hotels

Waldfrieden war zwar auch für die Allgemeinheit offen, aber da standen alle Schlange.

Dann kam die Wende, und alles wurde anders. Natürlich wollte niemand aus dem Osten jetzt noch ins FDGB-Heim, und die Westler kennen die Schönheiten der Seitentäler des Thüringer Waldes nicht. Die Häuser blieben leer. Die vorherrschende Stimmung war, erst einmal abzuwarten. Das mit dem Ausland, in das jetzt alle fahren wollen, das werde sich schon wieder legen, dachten die Gastleute hier. Aber es legte sich nicht. Niemand konnte sich vorstellen, dass die Gäste von heute auf morgen ausbleiben sollten, aber genau das geschah. Keiner wollte mehr ins Schwarzatal reisen. Und im Westen gelang es nie, sich Bekanntheit zu verschaffen. Das, sagt zumindest Schwarze, liege auch daran, dass jeder Ort vor sich hin wurschtelt, anstatt sich zusammenzuschließen und gemeinsam zu vermarkten. Mit dem Fremdenverkehrsverein soll sich das ändern. Momentan wird vor allem in die Wanderwege investiert, aber auch in die Traditionen der Gegend, die besser verkauft werden sollen.

Dazu gehört zum Beispiel, dass das Schwarzatal in der Olitätenregion liegt, womit aber auch niemand mehr etwas anfangen kann. Aufklärung findet man wieder im Heimatmuseum von Großbreitenbach, ein Stockwerk über der Kloßpressensammlung: Olitäten sind Kräuterheilmittel. Sie wurden hier erforscht, angebaut, verarbeitet und durch Händler an den Mann gebracht. Diese Händler nannte man Buckelapotheker, weil sie die Heilmittel auf einem Tragegestell schleppten, sogar bis nach Oberitalien brachten sie die thüringischen Kräuter. Die Wege der Olitätenhändler kann man heute als Wanderwege ablaufen, es gibt Tees zu kaufen, und jährlich wird eine Kräuterkönigin mit dem schönen Titel «Olitätenmajestät» gewählt. Alle Olitätenmajestäten sind mit Foto, Hobby und Lieblingskraut in einem Ordner im Heimatmuseum gesammelt zu bestaunen. Ansonsten ist die Kräutermedizin, vorsichtig gesagt, in dieser Gegend touristisch ziemlich unterverkauft. Man kann Teepäckchen als Souvenir mitnehmen, man kann Kräuterwanderungen machen, das Kraut kommt in den Kochtopf, das war's.

Obwohl: Trinken kann man die Kräuter natürlich auch. Ein Besuch in Böhlen ist nicht denkbar ohne einen Abstecher zur Küche, die ganz am unteren Zipfel des Dorfes liegt. Eigentlich war die Küche einmal ein richtiges Gasthaus, aber das hat sich nicht mehr gelohnt, erzählt Wirt Klaus-Dieter Hauke jedem, der es wissen will, deshalb ist in der Wirtsstube jetzt eine Wohnung untergebracht, und nur die alte Wirtshausküche ist Gastraum, reicht ja auch, bei den paar Leutchen. Hauke steht vor einem Monstrum von einem Bufettschrank in dunkler Eiche und schenkt Flaschenbier (1 Euro) aus und Thüringer Kräuterlikör (50 Cent). Den Likör bekommt man hier in jedem Supermarkt und an jeder Tankstelle in reichlicher Auswahl, so viel ist dann doch geblieben von der Olitätenregion. An der Wand hängt gerahmt die Fußballauswahl früherer Zeiten, dazu DDR-Wimpel, Vereinspokale, Bierkrüge, Zielscheiben. Auf den Tischen geblümtes Wachstuch, ein «Stammtisch»-Aschenbecher aus Schmiedeeisen und vor allem die alte Spüle und der Herd. Der Herd ist aus den dreißiger Jahren, wird mit Holz befeuert und heizt die Stube sowie einen großen Wassertopf. In Berlin ginge dieses Interieur als ironisch gemeinte Szenekneipe durch, hier ist alles noch echt. Der Kochtopf mit Wasser steht auch nicht einfach herum, der ist für das Bier, das manche lieber lauwarm mögen, des Magens wegen. «Da hots mim Mooche», sagt der Wirt. Ein Dialekt, rund und schwer wie ein Thüringer Kloß, so spricht man hier.

In der Küche lernt man auch, dass man die Böhlener früher an ihren Hausschuhen erkannt hat, die aus Stofffetzen gefertigt waren. Foßbsche heißen die, und natürlich hat Wirt Hauke noch welche da, die zeigt er Interessierten gern, denn so viele fragen ja nicht danach. Nicht nur die Schuhe hießen so, auch die Böhlener nannte man bald nach ihrem Schuhwerk. «Rondrem da es alln bekaant, me Bell're me warn Foßbsche gnaant», so hört sich das auf Thüringisch an. Und bald assistiert die halbe Kneipenrunde bei der Heimatkundelektion, es hatten ja alle einmal Großeltern, und die hatten Foßbsche.

Vor allem aber treffe ich in der Küche auf Helke, die so lange jährlich den Malereikurs in der Sommerakademie besucht hat, bis sie schließlich eines dieser günstigen Häuser kaufte und sich im Dorf niederließ. Es hilft natürlich, dass sie als Bühnenbildnerin in ziemlich vielen Städten herumkommt, aber zwischen den Aufträgen wohnt sie in ihrem Böhlener Haus, das sie langsam mit Hilfe zahlreicher Nachbarn renoviert, und stellt sich der Aufgabe, sich ins Dorfleben einzufügen. Gerade war Teichfest, sagt sie, da war was los! Alle unten am Festplatz, und bis spät. Man ist mit den Leuten hier schnell im Gespräch. Verschlossen sind die nicht, nein. Sehr hilfsbereit auch. Wahrscheinlich, denke ich, liegt das daran, dass diese Gegend nie eine abgelegene Dorfgegend war, sondern immer Gäste hatte, bis zur Wende. Der Waldfrieden-Hotelleiter Sascha Schwarze erzählt jedenfalls von solchen Zeiten. Er habe einmal herumgefragt, wo die Menschen aus dem Schwarzatal früher eigentlich Urlaub gemacht haben. Urlaub?, haben die gefragt. Nein, weggefahren seien sie nicht, es seien doch immer neue Menschen mit ihren Geschichten vorbeigekommen, es war immer interessant hier, das sei fast so etwas wie eine weltmännische Gegend gewesen, zumindest für DDR-Verhältnisse.

Jetzt ist es eine Gegend, von der man eigentlich niemandem erzählen möchte, weil man sie so gern für sich alleine hätte, mit ihren schattigen Waldwegen und Schwarzpappeltälern und den Bächen, aus denen man beim Wandern bedenkenlos trinken kann, so klar sind sie. Und die alten Dörfer auf den Hügeln, mit den schwarz-weiß-grauen Häusern und den Schindeln und den schlichten Kirchen. Und die Ruhe. Aber man muss davon erzählen, dass es mitten in Deutschland so etwas gibt, weil es sonst vielleicht eines Tages nicht mehr da ist, weil Dörfer wie Böhlen einfach aussterben, und das wäre wirklich schlimm.

Und vielleicht muss man auch von Goethe erzählen, der im Jahre 1780 gar nicht weit von hier in einer Jagdaufseherhütte übernachtete. Der Berg hieß Kickelhahn, und Goethe schaute über die Hügel des Thüringer Waldes hinweg, und dann konnte er nicht anders als einen Bleistift nehmen und das Brett neben dem Fenster bekritzeln. «Über allen Gipfeln ist Ruh», schrieb er. Stimmt ja auch.

STRECKENKILOMETER 9288: WLADIWOSTOK

Der längste Inlandsflug, den man auf der Welt unternehmen kann, führt von Moskau nach Wladiwostok. Dort, am Goldenen Horn, das tatsächlich auch ein wenig aussieht wie die gleichnamige Wasserzunge, um die herum Istanbul gebaut ist, liegt die Stadt auf der Murawjow-Amurski-Halbinsel. Sie ist eingeklemmt auf einer Landzunge gleich neben China und ganz knapp über Nordkorea. Gut sechshundert Kilometer über das Meer liegt Japan. Das ist nichts, verglichen mit den 9288 Eisenbahnkilometern nach Moskau. Wir befinden uns hier nicht mehr in Sibirien, das lerne ich als Erstes, wir befinden uns offiziell im Fernen Osten. Statt uralter Ladas beherrschen hier uralte Toyotas die Straßen; sie kamen mit der Fähre übers Japanische Meer.

Die klassische Strecke europäischer Reisender, die mit der Eisenbahn durch Russland fahren, ist ja eigentlich die Verbindung Moskau – Nowosibirsk. Oder maximal Moskau – Irkutsk. Wir hingegen gehen das anders an. «Na, das wird sicher abenteuerlich», sagt die Dame am Check-in von Aeroflot, als sie mir mein Ticket nach Wladiwostock über den Tresen schiebt. Und wenn sie das sagt, dann glaube ich das. Die Landschaft sei auch viel schöner, höre ich allenthalben, denn hinter Moskau sei alles flach. Die grünen bewaldeten Hügel, die den fernöstlichen Zipfel Russlands bestimmen, sind tatsächlich recht hübsch anzusehen. Ein bisschen wie hessische Mittelgebirge, nur sehr viel leerer.

Wladiwostock heißt auf deutsch «Beherrsche den Osten», was sofort viel eindrucksvoller klingt als die Übersetzung des chinesischen Namens: Seegurkenmarsch. Alt ist die Stadt nicht gerade, wie die meisten Siedlungen hier. 1860 wurde sie gegründet, zunächst als Marinehafen, und das ist sie bis heute. Zu den eher spärlich gesäten Attraktionen gehört ein auf dem Land liegendes Museums-U-Boot, in dem man die ruhmreiche Geschichte der sowjetischen Pazifikflotte besichtigen kann. Lange Zeit, vom Ende des Zweiten Weltkriegs bis zum Zerfall der Sowjetunion, war Wladiwostok ein militärisches Sperrgebiet, in das man nur mit Sondergenehmigung einreisen durfte. Für Ausländer war die Stadt sogar vollständig gesperrt.
Das war nicht immer so: Kurz nach ihrer Gründung und besonders nach dem Bau der Eisenbahn um die Jahrhundertwende war die Stadt zuerst einmal ein wichtiges Wirtschaftszentrum für die Region. Zwei Hamburger Kaufleute gründeten hier 1864 ein Kaufhaus, Europäer,

Russen, Chinesen, Japaner trieben hier Handel. Die Swetlanskaja-Straße, Magistrale der Stadt, bekam eine Jugendstil-Prunkfassade nach der nächsten. Diese stehen bis heute hier in ihren leuchtenden Pastellfarben, außerhalb des Stadtkerns jedoch sieht Wladiwostok aus wie jede andere sowjetisch geprägte Stadt auch, nämlich voller grauer Klötze. Am besten, man fährt mit der kleinen Standseilbahn, der Funicular, auf den Hügel hinauf und verschafft sich einen Überblick: vor uns der Brückenkopf der großen, neuen Hängebrücke, der Russki-Brücke, voller Liebesschlösser wie überall auf der Welt. Unter uns eine Flaniermeile mit Stadtblick, treppab ein Souvenirladen voll des allerherrlichsten Kitsches. Das Goldene Horn, umschlossen von hügeligem Land, die Insel Russki, mit dem Festland durch die große Brücke verbunden. Große Frachtschiffe liegen auf dem Wasser.

Während des kurzen, feuchtwarmen Sommers kann man am Ufer in Zelten sitzen, die zum Wasser hin geöffnet sind, kann frische Garnelen kaufen, sie aus ihren weichen Schalen pulen und dazu Bier trinken. Kein Wunder, dass die Stadt bei chinesischen Touristen so beliebt ist: Wladiwostok kann sich an guten Tagen anfühlen wie eine Stadt am Mittelmeer, es ist aber viel, viel näher.

STRECKENKILOMETER 8523: CHABAROWSK

Zugegeben, wir haben geschummelt. Wir sind nicht in Wladiwostok in den Zug gestiegen, obwohl der Zuckerbäckerbahnhof wirklich sehr hübsch ist. Wir haben uns nur gegenseitig vor der Stele fotografiert, die den Anfang der Transsibirischen Eisenbahn markiert, so wie die Touristengrüppchen, die uns umwimmeln. Wir sind dann aus logistischen Gründen die vierhundert Kilometer Luftlinie nach Chabarowsk geflogen und haben dort einen früheren Zug genommen, um den Anschluss in Ulan-Ude zu erwischen. Das gibt uns immerhin die Möglichkeit, die größte Stadt des Fernen Ostens zu erkunden. Deshalb sitzen wir nun in einem Bus ohne Stoßdämpfer und lassen uns über schütteren Asphalt rumpeln, bis die Bandscheiben knirschen, während unsere Gästeführerin ohne Unterlass von «unseren Amurvölkerschaften» berichtet, den einheimischen Minderheiten, die wir dann aber alle nicht zu Gesicht bekommen.

Stattdessen fahren wir ins Naturschutzgebiet. In den Wäldern leben jetzt immer mehr Sibirische Tiger, weil sich Präsident Putin sehr für ihre Erhaltung einsetzt. **Präsident Putin mag große, wilde Tiere. Man kann sich nicht recht vorstellen, dass er sich auch derart liebevoll für das → Moschusreh einsetzen würde, eine windschiefe Angelegenheit mit zu kurzen Vorderbeinen, Stummelgeweih und zwei vorstehenden Vampirzähnchen, das ebenfalls in den Wäldern lebt und vermutlich ab und zu einem Tiger zum Opfer fällt.** Bären gibt es auch. Dann gehen wir nach draußen.

Unsere russischen Rangerinnen erscheinen im Camouflage-Overall, was wir jetzt ein wenig übertrieben finden angesichts eines kurzen Waldspaziergangs. Wir legen Mückenspray auf, wickeln uns Schals um und stiefeln los. Gerade als wir mit dem jugendlichen Exemplar eines

Moschusreh

mandschurischen Walnussbaums (Juglans mandshurica) bekannt gemacht werden sollen, spüre ich es. Überall. Ich beginne, um mich zu schlagen, aber natürlich nützt das nichts, genauso wenig, wie das Spray irgendetwas genützt hatte. Sie sind sehr klein und überall und fressen mich gerade auf, deshalb breche ich an dieser Stelle den Waldspaziergang ab und fliehe in den Bus. Statt einer Beschreibung der sicherlich sehr interessanten Flora des südlichen Föderationskreises Ferner Osten folgt nun die Frage, wie der Präsident dieses Landes es eigentlich schafft, oberkörperfrei durch die Gegend zu reiten, ohne die Beulen zu bekommen, die sich bei mir gerade bilden. Fliegen die vorher weiträumig übers hoheitliche Jagdgebiet und sprühen Pestizide aus Kleinflugzeugen?

Wir beschließen, dem Beispiel der Einheimischen zu folgen und uns der Natur nur noch sehr skeptisch und wenn,

Nacktkatze

dann im Camouflage-Overall zu nähern. Stattdessen halten wir in einer Siedlung, einer Handvoll in die Gegend gewürfelten Plattenbauten, von denen der Beton bröckelt, und kaufen etwas Schokolade und Kleinkram für die Zugfahrt. Die russische Schokolade ist durchweg zu empfehlen, der Kaviar ebenso, das restliche Essen hingegen ist gewöhnungsbedürftig. In Russland sitzt man auch im Hochsommer bei fast dreißig Grad in dunklen Kellerhöhlen und isst irgendwas mit Kohl, saurer Gurke und Roter Bete. Im Sommer sprießen immerhin die Kwas-Stände mit ihren Sonnenschirmen aus dem Boden: meist junge Frauen, die gegorenes Brotbier verkaufen. Hier hält die Dorfjugend kurz mit dem Moped an, und ein Mann hält uns stolz seine schrumpelige, gefleckte ➔ Nacktkatze entgegen. Ihre knitterigen Schnurrhaare zittern, aber das Tier ist sehr freundlich. Wenn man sie kulinarisch aushält, ist die russische Provinz immerhin ziemlich unterhaltsam. Wir aber müssen einen Zug erwischen, und so steigen wir wieder in unseren wirbelsäulenzermürbenden Rüttelbus und nehmen ein paar letzte Informationen über die geheimnisvollen Amurvölkerschaften mit.

STRECKENKILOMETER 8515: AMUR

Der Amur ist um die zweieinhalb Kilometer breit. Noch nicht mitgezählt sind die endlosen Nebenarme und Altarme, die er in seinem mäandernden Bett um sich herum versammelt. Wir stehen am Ufer, gleich neben der großen Amurbrücke bei Chabarowsk, einem der letzten Endstücke der Eisenbahnlinie, das erst 1916 fertiggestellt wurde. Von der alten Brücke, die in Warschau gefertigt wurde, stückweise per Bahn nach Odessa reiste, auf dem Seeweg nach Wladiwostok gebracht und mit der Eisenbahn die letzten Kilometer nach Chabarowsk gefahren wurde, gibt es nur noch ein einzelnes Bogensegment. Der eiserne Bogen ist Teil eines kleinen, aber feinen Eisenbahnmuseums, das Enthusiasten hier aufgebaut haben und in dem man die Geschichte des Brückenbaus erfährt. Modelle zeigen die Arbeit der Ingenieure, alte Taucheranzüge zeigen, mit welcher Ausrüstung gearbeitet wurde, Fotos verweisen auf die vielen Kriegsgefangenen und Zwangsarbeiter, die für die Arbeiten verpflichtet wurden. Wir dürfen auch den schweren Messinghelm aufprobieren, den die Taucher damals anhatten. Man bekommt nach zwei Sekunden Klaustrophobie und will sofort raus da.

Der Brückenbau war eine ungeheure Leistung, es gab dafür die Goldmedaille der Pariser Weltausstellung. Die eingleisige Strecke war jedoch auch das Nadelöhr der Transsib. Ab den sechziger Jahren nutzte man zusätzlich einen Tunnel unter dem Amur, in den neunziger Jahren entstand die moderne, inzwischen zweigleisige Brücke aus Beton. Über diese werden wir zum Glück auch fahren, denn den Ausblick über den Amur gönnt man Transsib-Reisenden üblicherweise. Güter- und Nahverkehrszüge werden in den dunklen Tunnel verbannt.

Am Hauptbahnhof ist alles schnell erledigt, das Gepäck wird überprüft, die Fahrscheine, die Platzkarten, dann dürfen wir unsere Liegewagen beziehen. Es gibt auch Schlafwagenabteile, aber die hat nicht jeder Zug. Die Liegewagen sind, bezieht man das Viererabteil zu zweit, angenehm geräumig und komfortabel. «Waggonbau Görlitz 1974» steht auf einer Plakette am Eingang. Waggonbau Görlitz hat ganze Arbeit geleistet, denn nichts wirkt hier schäbig, alles ist zweckmäßig eingerichtet, von der klappbaren Kletterleiter über das heimelige Holzimitat an den Wänden bis hin zu Vorhang und Tischdeckchen.

Der Zug ruckelt los, wir schauen aus dem Fenster. Bald erstreckt sich der Amur unter uns, breit wie ein Meeresarm. Dort hinten, jenseits des Flusses, so deutet man uns aus, da liegt die Jüdische Autonome Oblast. Die wurde 1928 von Stalin mit großen Erwartungen als «jüdisch-sowjetisches Zion» gegründet, um – neben ein paar handfesten strategischen Eigeninteressen – eine Alternative gegen die Abwanderung nach Palästina zu bieten. Jedoch waren die

Lebensbedingungen hart, und das Klima war rau. Die Entscheidung zwischen sonnendurchfluteten Orangenhainen und mückenverseuchten sibirischen Wäldern fällt doch allzu eindeutig aus. Dann folgten die stalinistischen Säuberungen. Das Gebiet ist heute selbstverwaltet, jedoch ist nur eine kleine Minderheit jüdischen Glaubens.

Dann tauchen wir in die Wälder ein. Sie sollen uns die nächsten anderthalb Tage begleiten, ebenso wie die russische Schlagermusik aus den Zuglautsprechern, die man zum Glück auch ausschalten kann, und die abendlichen Kinderhörspiele, die wir nicht verstehen – wir hören dann doch lieber dem monotonen Zugrattern zu, bis wir eingeschlafen sind.

STRECKENKILOMETER 7119: EROFEI PAWLOWITSCH

Nur ein, zwei Minuten bleibt der Zug an den kleinen Bahnhöfen stehen, an denen stets Uhrzeiten angezeigt sind, die unmöglich stimmen können – der Einfachheit halber gilt auf der Strecke überall Moskauer Zeit. Wie spät es vor Ort wirklich ist, weiß nur das iPhone, das sich brav bei jeder Überquerung einer Zeitzone umschaltet. Aber Zeit ist ohnehin angenehm egal, man verpasst ja nichts.

Alle vier Stunden hält der Zug ein wenig länger, und wir dürfen raus auf den Bahnsteig. Das hat damit zu tun, dass alle vier Stunden die Lok gewechselt wird, weil wir an die unsichtbare Grenze eines Bahndistrikts stoßen, und den Distrikten sind die Loks fest zugeordnet. Erster Halt des zweiten Tages ist ein Bahnhof in einer Gegend, die man wohl getrost als Nirgendwo bezeichnen kann. Drum herum

Hunderte Kilometer an hügeligen Wäldern, die wenigen Häuser klumpen sich eng zusammen und bilden zuallererst einmal ein Alibi, hier einen Bahnhof hinzustellen. Ansonsten bauen die Menschen hier irgendetwas an (Kohl) oder irgendetwas ab (Uran) oder fällen Holz.

Inzwischen sind wir auch mit den Regeln des Zuges vertraut. Die Transsibirische Eisenbahn ist ein strenges Matriarchat, das niemand in Frage zu stellen wagt. Unsere Waggonmonarchin heißt Nadeschda und ist eine strenge, aber wohlmeinende Hüterin über Sitte, Moral, leibliche Unversehrtheit und Teegläser. Die Teegläser mit dem Emblem der russischen Eisenbahngesellschaft gibt es leider nicht zum Verkauf als Souvenir, sondern nur leihweise zur Benutzung im Abteil. Der Verlust kostet umgerechnet zehn Euro. Wir verlieren unsere Tassen der Einfachheit halber sofort und drücken Nadeschda das Geld in die Hand. Dann besorgen wir uns Teebeutel, denn einen Samowar gibt es in jedem Waggon ganz vorne zur kostenlosen Benutzung. Der Samowar sieht aus wie ein ziemlich alter Duschboiler und ist vermutlich auch genau das.

Duschen kann man allerdings nicht im Zug. Wir schrauben unsere hygienischen Ansprüche also herab und tun alles, um mit Hilfe eines Waschbeckens, eines Handtuchs und Deospray olfaktorisch möglichst unauffällig zu bleiben. Etwas weniger Mühe geben sich die Jungs im nächsten Waggon, dort nämlich liegen zweihundert junge Kerle in Marineuniform, die gerade ihren Wehrdienst in Wladiwostok abgeleistet haben und nun nach Hause fahren, etwas weiter als wir, bis Nowosibirsk. Nach einem Tag hat die Mischung

Platzkartny

aus Bierdunst und Pubertätsschweiß eine Intensität ange-
nommen, dass wir den Aromawagen, so nennen wir ihn,
nur noch mit angehaltenem Atem durchqueren.

Der Aromawagen ist ein Waggon der dritten Klasse, die
nennt man → **Platzkartny**. Es gibt dort keine Abteile, nur
Trennwände, außerdem sind die Betten kürzer, denn es
müssen mehr Menschen untergebracht werden. Deshalb
ragen manchmal Füße in Kopfhöhe in den Gang, denen
man ausweichen muss. Man reist hier günstig, und wer
aufs Geld gucken muss – fast alle –, reist Platzkartny. Mit
Familie ist man im Abteil allerdings besser untergebracht,
so wie die vier neben uns. Die beiden Kinder lümmeln auf
den Bänken, spielen oder gucken raus. Sie sind erstaunlich
brav und ruhig, wie die meisten russischen Kinder, die uns
begegnen.

Langsam dünnen die Wälder aus. Die dunklen Nadel-
bäume lassen wir hinter uns, schließlich auch die lichten
Birken, dann öffnet sich die Tundra. Wir fahren erst oberhalb der Inneren Mongolei entlang, die noch auf chinesi-
schem Staatsgebiet liegt, schließlich oberhalb des Staates
Mongolei. In Tschita zweigt die Chinesische Osteisenbahn
ab, auch Transmandschurische Eisenbahn genannt. Was
den endlosen Wäldern abgeholzt wird, fährt per Güterzug
nach Süden, wird am Grenzbahnhof Manzhouli von russischer auf chinesische Spurweite umgehoben und landet
schließlich im eher waldarmen China. Dazwischen liegen
Hunderte Kilometer Grasland, Jurten und sehr gerade
Straßen.

Davon sieht man in Tschita nichts. Vom Bahnhof aus blicken
wir in staubige, auch sehr gerade Straßen, die wie auf einem
Reißbrett angelegt wurden. Nach den winzigen Haufen-
dörfern kommt uns die Dreihundertvierzigtausend-Ein-
wohner-Stadt mit ihren grauen Plattenbauriegeln vor wie
eine Metropole. Tschita gibt es schon seit dem 17. Jahrhundert, das ist für ostsibirische Verhältnisse sehr alt. Es gibt
eine große blaue Kathedrale mit goldenen Kuppeln, die wie
eine glänzende Erscheinung im Morgenlicht auftaucht, und
irgendwo angeblich sogar einen Flughafen.
Allmählich lernen wir auch unsere Mitreisenden kennen.
Der Einfachheit halber heißen alle Männer Sascha. Sascha
eins hat hoch im Norden, in Kamtschatka, mehrere Monate
als Baggerführer gearbeitet. Schön war das nicht, aber man
versprach ihm gutes Geld. Nachdem er merkte, dass er um

Swetlana

seinen Lohn geprellt wurde, gab er die Arbeit auf und fährt
nun wieder nach Hause. Bring mir wenigstens einen schönen Lachs mit!, hatte ihm seine Frau aufgetragen. Aber den
Lachs hätten ihm seine Mitreisenden im Platzkartny-Ab-
teil weggefressen. Saschas Geschichte rührt uns, wir bieten
ihm erst einmal einen Wodka an.
Sascha zwei arbeitet hier im Zug. Er war einst Bergarbei-
ter, dann Offizier und mit der russischen Armee unter anderem in Leipzig stationiert. Seine Rente ist einigermaßen
erbärmlich, reicht wie die meisten in Russland kaum zum
Leben und bedurfte dringend der Aufbesserung, deshalb
suchte er sich einen Job. Seine Aufgabe ist es nun, die Mi-
nibar durch den engen Gang zu fahren und Kekse, kleine
Snacks und Getränke zu verkaufen.
→ **Swetlana** ist Schaffnerin im Aromawagen und sieht als
Einzige in ihrer Uniform umwerfend aus. Sie ist Kasachin

koreanischer Abstammung und betrieb bis vor kurzem in Komsomolsk am Amur eine Damenboutique. Die lohnte sich irgendwann wegen des schwachen Rubels nicht mehr, deshalb heuerte sie bei der Bahn an. Trotz Zwölf-Stunden-Schicht sieht sie aus wie frisch geschminkt und gepudert, der akkurate Pony sitzt, der lange, schwarze Zopf liegt über der Schulter und reicht bis zum Ellenbogen. Sie ist eine zierliche Person, hat aber ihre Jungs gut im Griff.

Bei jedem längeren Halt stürzen die Jungs in ihren geringelten Marinehemden nach draußen, rauchen und belagern den stets gut ausgestatteten Bahnhofskiosk. Dort holen sie sich chinesische Nudelbecher, die sie sich mit dem heißen Wasser aus den Samowaren anrühren. Auch das Bier scheint hier draußen günstiger zu sein als im Zug. Ab und zu machen sie auch Liegestütze oder fotografieren sich gegenseitig mit ihren Mobiltelefonen. Zur Aufrechterhaltung der Truppenmoral ist ein hübsches, dunkelhaariges Mädchen dabei, das ab und an mit einem von ihnen in der Toilette verschwindet. Dann auch mal mit einem anderen. Wir erwarten, dass sich früher oder später Eifersuchtsdramen entfalten, aber anscheinend ist der Zug unübersichtlich lang, das Bier viel und alles nicht so wichtig. «Love deserves only the → Mother» hat einer von den Jungs auf seinen Unterarm tätowiert und zeigt es stolz her.

Wir ignorieren den Bahnhofskiosk und subventionieren lieber eine der Babuschkas, die stets mit buntem Kopftuch am Bahnhof steht und Fisch, Pelmeni oder Schmalzgebäck verkauft. Und wir besuchen den Speisewagen. Das ist etwas herausfordernd, denn dort herrschen angenehm

Mother

sibirische 29 Grad, weil die Kühlung ausgefallen ist. Sascha zwei sitzt dort mit offenem Hemdkragen und hört mit einem kleinen blauen Plastikradio russische Schlagermusik. Die Kellnerin hat lange rote Haare, stets einen sehr kurzen Rock an und ebenso zuverlässig schlechte Laune. Vielleicht Liebeskummer, sie will nicht drüber reden. Aber sie bringt uns, den einzigen Gästen, erstaunlich genießbares Essen. Es gibt Salat, Suppe und eine Hauptspeise, dazu Tee, Bier und ein kleines Täfelchen Schokolade. Man kann sich im Speisewagen wirklich gut ernähren. Früher, so erzählt Sascha zwei, reichte die Schlange bis zum nächsten Wagen, heute kommt keiner mehr. Niemand hat mehr Geld. Die Einkommen liegen bei vier-, fünfhundert Euro, die Lebensmittelpreise sind nicht viel niedriger als in Deutschland. Fast jeder muss rechnen und sich etwas dazuverdienen.

Am nächsten Vormittag ist die Landschaft wieder ein bisschen kahler geworden, nur noch einzelne Büsche stehen im Gras. Es gibt grellblaue ruhige Flüsse und Seen, und die Häuser sind nicht mehr ganz so spärlich gesät. Man könnte fast meinen, wieder halbwegs zivilisiertes Gebiet erreicht zu haben, in dem Menschen mit Fahrrädern herumfahren, kleine Geschäfte betreiben und Sozialkontakt zu mehr als einem Dutzend Mitbürgern unterhalten.

Wir rollen in Ulan-Ude ein – nicht zu verwechseln mit der mongolischen Hauptstadt Ulan-Bator. Ulan-Ude ist zwar auch eine Hauptstadt, aber nur die der russischen Republik Burjatien. Ja, das haben wir auch noch nie gehört. Burjatien ist die Heimat mongolischer Stämme, unter anderem der Burjaten, und die sind buddhistischen Glaubens, weshalb in dieser Gegend der Buddhismus vorherrscht. **Dennoch gibt es eine prächtige Kathedrale zu besichtigen, «sibirischer Barock», wie unsere Stadtführerin uns erklärt. Die → Kathedrale hat einen Kinderspielplatz im Kirchgarten und wirbt mit «Free WiFi». Ja, der Priester sei hier sehr modern, sagt unsere Stadtführerin Larissa.**

Überhaupt ist Ulan-Ude die überraschendste Stadt unserer Reise, was auch an der überraschenden Larissa liegt. Die sieht mongolisch aus und spricht ein lupenreines Deutsch, von dem sie hartnäckig behauptet, es an der Universität von Ulan-Ude gelernt zu haben. Erst vor ein paar Jahren habe sie es dann endlich einmal nach Wuppertal und Berlin geschafft und sei bei ehemaligen Besuchern untergekommen,

Kathedrale

die ihr im Laufe der Jahre Visitenkarten und Einladungen zugesteckt hatten. Doch, doch, die Deutschen seien sehr gastfreundlich und hätten ihr sofort das Gästezimmer angeboten, nickt sie. Der Kollege, der immer die Franzosen führt, habe da weitaus weniger Glück gehabt.

Larissa kennt sich auch in der Stadtgeschichte bestens aus. Ulan-Ude liegt nämlich an der Kreuzung der Transsibirischen und der Transmongolischen Eisenbahn, die über Ulan-Bator nach Peking führt. Diese Lage hat dazu geführt, dass das einst eher kleine Nest seit dem Bau der Eisenbahn prosperiert und heute vierhunderttausend Einwohner hat. Vor allem Händler ließen sich hier nieder, nicht wenige aus Deutschland mit schönen jüdischen Namen wie Rosenbaum und Edelstein. Sie bauten in der heutigen Fußgängerzone ebenso schöne Bürgerhäuser in backstei-

Leninkopf

nerner Gründerzeitoptik, sodass sich die Stadt im Kern heute recht europäisch anfühlt und etwas sehr Entspanntes, geradezu Beschwingtes hat. Außerdem hat Ulan-Ude das östlichste Opernhaus des Landes mit einem Musikorgelbrunnen davor, der im Takt der Arien seine Fontänen orchestriert.

Wem das sowjetische Element fehlt, der begebe sich sofort zum Hauptplatz in der Innenstadt, denn dort steht der größte → **Leninkopf** der Welt. Der Restkörper kinnabwärts wurde nie fertig, nun steht er hier also ohne Torso auf seinem Sockel. Die Stufen, die zu ihm heraufführen, dienen skateboardenden Jugendlichen als Übungsrampe. Eine Hochzeitsgesellschaft, angereist in weißer Hummer-Stretchlimousine, versammelt sich zum Gruppenfoto.

Leider müssen wir bald wieder abfahren, dabei haben wir längst nicht alle Sehenswürdigkeiten von Ulan-Ude gesehen, und sicher hätte auch die unermüdliche Larissa noch viel über ihre Heimat zu erzählen gehabt. Ulan-Ude, du Perle Burjatiens, ich komme wieder! Und das meine ich todernst.

STRECKENKILOMETER 5358: BAIKAL

In Ulan-Ude sind wir umgestiegen in den luxuriösen Zarengold-Sonderzug. Der dient hohen politischen Tieren als Beförderungsmittel, und wenn er das gerade nicht tut, chartern ihn deutsche Reiseveranstalter. Nach Tagen mit Katzenwäsche und Soljanka kommen uns Dusche und Kaviar gerade recht. Das Publikum besteht aus distinguierten, bestens parfümierten, angenehm plaudernden Herrschaften aus Europa und den Vereinigten Staaten.
Wir verarbeiten noch unseren Kulturschock, aber am nächsten Morgen kommt der Baikalsee in Sicht, der uns bestens ablenkt. Im Gegensatz zum Linienzug darf der Zarengold-Zug nämlich die alte Bahntrasse direkt am Seeufer entlang befahren. Die ist eingleisig und nur noch einigen wenigen Bummelbahnen vorbehalten, aber viel, viel schöner als die neue Strecke. Rechts der See, groß und blau wie ein Meer, links das hügelige Ufer mit haufenweise kurzen Tunneln und kiefernbewachsenen Hängen. Am See sitzen alle paar Kilometer Zelter und Angler und Ausflügler und frühstücken, genau wie wir, nur an der frischen Luft.

An einem der winzigen Bahnhöfe steigen wir schließlich aus und setzen mit der Fähre über den See. Wir kurven um einen Schiffsfriedhof herum, der in morbider Schönheit im Morgendunst liegt, dann liegt ein großer, blauer Spiegel vor uns und am anderen Ufer das Hotel.

Die Gegend rund um den Baikalsee ist von hochalpiner Schönheit, allerdings sind die Sommer kürzer. Im Winter friert der See vollständig zu und erweitert die Landschaft um eine große Wander- und Schlittenfläche aus milchigem, schlierigem Eis. Besonders warm ist der See auch im Sommer nicht, wir testen das umgehend und frieren uns bei etwa sechs Grad Wassertemperatur alles ab. Der Baikalsee ist nämlich sehr, sehr tief, er ist die mit Wasser vollgelaufene Spalte zwischen der indischen und der asiatischen Kontinentalplatte. All das kann man im Baikalseemuseum lernen, einem hübsch verstaubten Naturkundemuseum direkt am Ufer.

Man kann aber auch einfach mit dem Sessellift den Berg hochfahren und wandern. Oder an der Seepromenade spazieren gehen und Räucherfisch essen. Der Baikalsee ist das touristische Naherholungsziel Sibiriens und für Sommer- wie Wintergäste bestens eingerichtet. Hier hat man auch die kleinen Holzhäuser wiederentdeckt, die anderswo abgerissen und durch beheizte Wohnkomplexe ersetzt werden. Wenn man nicht ständig darin hausen muss, wie nur einige widerständige sibirische Senioren es noch freiwillig tun, sondern sie als Sommerhaus nutzt, lohnt sich der Besitz in reizvoller Landschaft.

Unsere Bahnreise ist zwar schon vorüber, aber dem Zuckerbäckerbahnhof von Irkutsk statten wir dennoch einen Anstandsbesuch ab. **Dann besuchen wir → Tatjana Timofejewna in der Ulitsa Karla-Marksa, denn dort befindet sich die alte Eisenbahner-Wohnsiedlung. Tatjana ist eine sorgfältig geschminkte alte Dame und Zahnärztin von Beruf, heute ist sie pensioniert.** Sie hat die Wohnung von ihrem Vater übernommen, der bei der Eisenbahn gearbeitet hat. Die Mitarbeiter der Staatlichen Eisenbahngesellschaft waren damals ziemlich privilegiert und durften kostenlos Zug fahren. In den Ferien war die Familie deshalb immer unterwegs. Tatjana tischt Rote-Bete-Salat und Eintopf auf und erzählt: Zum ersten Mal fuhr sie 1954 mit der Transsib, da ging es ans Schwarze Meer. Erst nach Moskau, dann umsteigen und weiter nach Sotschi, das sind zehn Tage im

Tatjana Timofejewna

Zug, eine Woche Urlaub, und wieder zehn Tage zurück. «Schwarz vor Ruß waren wir damals, wegen der Dampflokomotiven», sagt Tatjana. Trotzdem war das für die Kinder immer ein großes Abenteuer.

Außerdem muss man unbedingt ins Dekabristenmuseum. Die Dekabristen waren adelige Revolutionäre mit viel zu liberalen Ideen, die 1825 gegen das Zarenregime protestierten und dem neuen Zaren Nikolaus I. den Eid verweigerten. Sie wurden niedergeschlagen und verbannt, hauptsächlich in die Weiten Sibiriens. In Irkutsk ließen sich Sergej Wolkonsk und seine Gattin Marija Wolkonskaja nieder, die darauf bestand, ihren Mann zu begleiten. Im Laufe der Zeit baute das Ehepaar sich eine Holzvilla, sie engagierten sich sozial, hielten Salons, experimentierten mit dem Anbau von Gemüse und brachten, wie viele ihrer adeligen Revolutionsgenossen, ein bisschen Ordnung und Kultur in diesen harschen Landstrich. Noch heute wirkt das hübsche Haus mit dem gepflegten Blumengarten fremd zwischen den winzigen Holzhäusern und den Betonklötzen. Die Direktorin ist eine sehr feine, ältere Dame, die ein Konzert bei Kerzenschein für uns organisiert hat und uns zu unserem Mut beglückwünscht, uns ins wilde, ferne Sibirien gewagt zu haben. Die Dekabristen waren wohl das Zweitbeste, was Sibirien passieren konnte. Das Beste war natürlich die Eisenbahn.

DANK

Die meisten der hier versammelten Reportagen sind so oder so ähnlich im Reiseblatt der F.A.Z. erschienen. Ich muss daher Ressortleiter Freddy Langer und Jakob Strobel y Serra danken, dass sie mich damals als Volontärin in ihrem Ressort beschäftigten, erste Versuche gerade zupften und in den folgenden Jahren immer wieder in die Welt hinausschickten.

Einige Ausnahmen gibt es: «Karaoke in Wajima» entstand eigens für dieses Buch. Dafür habe ich Tsuyoshi Ito für die kundige Führung durch Japans Kneipen zu danken und grüße hiermit die ganze Reisetruppe. Den Text über die Schweizer Schwinger habe ich einstmals für mein Blog geschrieben, aber ohne Nina Belz hätte ich in diese geheimnisvolle Welt nicht eintauchen können. Merci und Hopp Schwiiz! Für den «Wald der Verzweifelten» habe ich mich auf eigene Initiative und Gefahr nach Bad Harzburg begeben und kassierte ein Knöllchen beim Wegfahren mit überhöhter Geschwindigkeit.

Ferner ergeht Dank an alle Böhlener der Thüringischen Sommerakademie inklusive Matthias Göritz für das Händchenhalten beim finalen Zurechtdengeln, besonders natürlich und immer wieder an die Küchenfeen. Und an Alex W. Müller für das telepathische Wiederfinden meiner alten Festplatte. Dank natürlich auch an die famose Frau Lektorin Susanne Frank, nicht zuletzt für die Ideenfindung mit sehr viel Gin Tonic.

Für die Fotonerds: Ich benutze eine Leica M9 mit meistens einem alten 50er Summilux Chrom und ab und zu einem 35er Summaron, ebenfalls in einer alten Chromversion. Sämtliche Fotos des Buches entstanden mit diesem Apparat.